Sobrevivir a la crisis

2022-2023 Invertir:
Estrategias rentables y a prueba de inflación para
que los principiantes inviertan y comercien con
criptomonedas, NFT, bonos, acciones y más

Edición 3.0

DEFI MEDIA HOUSE
&
EDITORIAL STELLAR MOON

Descargo de responsabilidad

Copyright 2021 by DeFi PUBLISHING - Todos los derechos reservados

Este documento pretende proporcionar información exacta y fiable en relación con el tema y la cuestión tratados. La publicación se vende con la idea de que el editor no está obligado a prestar servicios contables, oficialmente permitidos o de otro tipo, calificados. En caso de que sea necesario un asesoramiento, legal o profesional, se debe pedir a una persona con experiencia en la profesión - de una Declaración de Principios que fue aceptada y aprobada igualmente por un Comité de la Asociación de Abogados de Estados Unidos y un Comité de los Editores y Asociaciones.

En ningún caso es legal la reproducción, duplicación o transmisión de cualquier parte de este documento, ya sea por medios electrónicos o en formato impreso. La grabación de esta publicación está estrictamente prohibida y no se permite el almacenamiento de este documento a menos que se cuente con la autorización por escrito del editor. Todos los derechos reservados.

La presentación de la información es sin contrato ni ningún tipo de garantía. Las marcas comerciales que se utilizan son sin ningún tipo de consentimiento, y la publicación de la marca comercial es sin el permiso o el respaldo del propietario de la marca. Todas las marcas comerciales y marcas dentro de este libro son sólo para fines de aclaración y son propiedad de los propios propietarios, no afiliados a este documento. No fomentamos ningún tipo de abuso de sustancias y no nos hacemos responsables de la participación en actividades ilegales.

¿Cripto y los mercados financieros durante la guerra?

La guerra entre Rusia y Ucrania es perturbadora en muchos frentes. Obviamente para, especialmente, Ucrania, pero también para millones de ciudadanos y organizaciones, gobiernos y procesos enteros. Todo está siendo arrasado, donde el cripto y sus aplicaciones pueden ofrecer una perspectiva. La guerra en Ucrania es el catalizador para la adopción de las criptodivisas. En este capítulo, te llevaré a través de cómo tanto Rusia como Ucrania están utilizando el cripto en este tiempo de guerra, así como lo que puedes aportar y los pros y los contras del mercado del cripto en tiempos de guerra.

Causa de la guerra entre Ucrania y Rusia
La guerra entre Ucrania y Rusia es una gran noticia para todo el mundo. Todos estamos preocupados por los ucranianos que huyen y luchan contra la influencia de Rusia. O más exactamente, la influencia de Putin. Pero, ¿qué ha provocado realmente esta guerra?

Las tensiones entre Occidente y Rusia existen desde hace siglos. En la Edad Media, los zares ya se oponían ferozmente al Occidente moderno, y en la época del comunismo esto no cambió. A principios del siglo XX, el reinado de los zares llegó a su fin y los comunistas tomaron el poder. De hecho, desde que Vladimir Putin gobierna la nación, se ha vuelto mucho más feroz contra la expansión de la Unión Europea y la OTAN.

Pero, de nuevo, si las tensiones han existido durante siglos, ¿por qué la escalada justo ahora?

Soberanía de Rusia

La soberanía, en el caso de Rusia, significa que Putin tiene la autoridad suprema dentro de su propio territorio. Por lo tanto, no puede apreciar la influencia de Occidente sobre su régimen apoyando levantamientos. Pensemos en Ucrania, Kosovo, Georgia y otros países de Asia Central.

Ucrania se está acercando más a Occidente, que a la vecina Rusia, y eso no le gusta a Vladimir. Lo que comenzó como una demostración de fuerza, en la que todo el mundo supuso que Putin quería demostrar cuánta influencia podía ejercer realmente, se intensificó de forma gigantesca el 24 de febrero de 2022, cuando las tropas rusas invadieron Ucrania desde Crimea.

La causa exacta de la guerra entre los rusos y Ucrania no está realmente clara. Probablemente tiene que ver con que Vladimir Putin quería proteger a su país de una mayor desintegración. La influencia de los grupos democráticos amenazaba su poder, un tanto imaginario. Durante meses negó los planes de ataque, pero a finales de 2021 Putin amenazó con llevar a cabo medidas técnico-militares si la OTAN no quería retirarse de los países bálticos y Polonia.

Con el tiempo quedó claro que mantiene su opinión de que Ucrania pertenece a Rusia, y el 24 de febrero de 2022 invadió el país. Desde entonces ha habido una crisis masiva de refugiados, destrucción total, muchas víctimas (mortales) y un problema global. Ahora que Ucrania ha iniciado el proceso para convertirse en miembro de la Unión Europea, las relaciones no mejorarán por el momento. El tiempo dirá cuánto durará la guerra, pero ¿cómo pasaremos el tiempo relativamente indemnes hasta el final, financieramente hablando?

¿Cómo se utilizan las criptomonedas en ambos países?
El mercado de criptomonedas de Rusia estaba valorado en más de 200.000 millones de dólares en febrero de este año, más del 12% del mercado mundial. En ese momento, gran parte de la población poseía criptodivisas, tras lo cual el Ministerio de Finanzas ruso presentó un proyecto de ley.

Se prohibió el pago de servicios y bienes con criptomonedas, lo que también limitó inmediatamente el número de rublos que la gente podía invertir en monedas digitales. También se restringió la cripto minería.

A finales de marzo, fue anunciado por Pavel Zavalny (Presidente del Comité de Energía de Rusia, entre otros) que Bitcoin será aceptado por Rusia, cuando hablemos de la exportación de recursos naturales. Nosotros, como residentes de Occidente, podremos comprar el gas esencial del país de Putin, a través del trueque con rublos y oro.

Los países que no "presionan" a Rusia pueden pagar en sus propias monedas nacionales, como rublos, liras y yuanes, por ejemplo. En resumen, si apoyas a Rusia las posibilidades son infinitas, pero ¿trabajas contra ella? Entonces estás librando una batalla interminable.

Criptografía en Ucrania

Ucrania seguía siendo un poco atípica en el mercado de las criptomonedas, pero eso está a punto de cambiar. Mykhailo Fedorov, el Ministro de Asuntos Digitales, ya propuso el año pasado la legalización del comercio de criptomonedas para los ciudadanos. Se redactó una propuesta y el mes pasado (marzo de 2022) Zelensky hizo historia al poner su firma en ella.

La legalización del mercado de criptomonedas en Ucrania permitirá que las donaciones en Bitcoin (BTC) se utilicen en la lucha contra los rusos. Según el Ministerio, se trata de "un paso importante para sacar de la sombra al mercado de las criptomonedas". Ya se han donado más de 50 millones de euros en criptomoneda en un corto periodo de tiempo.

El papel de las criptomonedas en la crisis

Se trata de la primera guerra mundial en la que la criptomoneda desempeña un papel destacado. Los gobiernos están considerando nuevas leyes y regulaciones, y el conflicto entre Rusia y Ucrania se está viendo afectado de varias maneras. La introducción de la criptodivisa dentro de las fronteras de Rusia permite influir en el régimen autoritario de Moscú. De este modo, existe una alternativa al rublo, que ofrece una perspectiva económica, aunque a Putin no le gustaría ver esto, por supuesto.

Por parte de los detractores de las criptomonedas, se habla sobre todo de fomentar las transacciones ilegales y de ser una forma de que las entidades eludan las sanciones.

Para Ucrania, las monedas digitales son importantes porque pueden utilizarlas para conseguir donaciones. El Ministerio de Transformación Digital ha desarrollado un gran sitio para ello, con un eslogan pegadizo: "no nos dejes solos con el enemigo".

Ya han recaudado más de 60 millones de dólares y con más de 70 monedas puedes apoyar a los ucranianos en su "lucha por la libertad". El mayor exchange del país oriental, Kuna.io, está ayudando a recaudar todo el dinero de apoyo posible. La mayoría de las donaciones hasta la fecha han venido de consumidores de todo el mundo.

¿Cómo se utilizan las criptodonaciones en Ucrania?
Es una forma moderna de crowdfunding, que tiene varias ventajas y desventajas. Hablaremos de ellas más adelante en este capítulo. En primer lugar, vamos a ver

lo que Zelensky está haciendo principalmente con todos estos fondos, con el fin de fortalecer su nación.

Para empezar, puede realizar transacciones más fácilmente, ya que no es necesario involucrar a un tercero. Esto evita el riesgo de bloqueos, ya que no hay poder con otras partes. El ejército también recibe apoyo, con el que invierte en material no letal, como chalecos antibalas y otros materiales de apoyo a los soldados ucranianos.

En el proceso, los soldados rusos también son pagados en Bitcoin (BTC), si se rinden. A continuación, se les entregan 5 millones de rublos rusos, que se convierten en más de 43.000 euros, y se les permite regresar a su patria sin que Ucrania los castigue.

También ha surgido un proyecto criptográfico especial que permite realizar donaciones e inversiones: HUKR (Ayuda a Ucrania).

¿Dónde van a parar las criptodonaciones?
Con su eslogan "Invertir para donar", transfieren los fondos a organizaciones benéficas, como:

- Soldados revividos Ucrania
- NOVA Ucrania
- Fundación Estados Unidos-Ucrania
- Comité Internacional de la Cruz Roja
- Esperanza para Ucrania
- Fundación LELEKA

- Fondo de Ayuda a la Infancia de Ucrania

Los fondos se utilizan para adquirir recursos esenciales para la población civil, así como para gestionar las evacuaciones.

Ventajas y desventajas de las criptomonedas en tiempos de guerra

Ventajas

Realizar transacciones sin terceros

Mayor atención a la regulación

La estanflación* allana el camino a un nuevo sistema financiero

La estanflación es una mezcla de inflación y estancamiento. Cuando la inflación es alta, el crecimiento económico se ralentiza y el desempleo sigue siendo alto.

Desventajas

Posible impacto negativo en el mercado (de criptomonedas)

Los usuarios rusos no están preferentemente bloqueados, debido a la naturaleza descentralizada

¿Por qué las criptomonedas no están en auge?

El mercado de las criptomonedas está hecho para esta situación. Una moneda descentralizada, anónima y digital es justo lo que necesitamos. "Sólo hay que esperar a que estalle la guerra" y "Sólo hay que esperar a que se produzca la censura por parte de los grandes bancos" son afirmaciones habituales de los fanáticos de las criptomonedas. Sin embargo, ahora que la guerra ha estallado, no hay ningún negocio en auge en la industria de las criptomonedas. ¿Cómo puede ser eso?

Según los especialistas, esto tiene varias explicaciones. Es importante saber que esto no significa en absoluto el fin del sistema descentralizado, sino todo lo contrario. El problema, de hecho, es que el "ciudadano de a pie" todavía tiene muy poco conocimiento de las criptomonedas. Incluso la élite en Ucrania está luchando para convertir sus activos en criptodivisas, en parte porque la conexión a Internet es muy pobre.

Otro factor es la alta volatilidad del Bitcoin (BTC). Debido a las extremas fluctuaciones del precio, la moneda aún no es utilizable para fines económicos y políticos, como por ejemplo para contrarrestar la inestabilidad de la economía. El viceministro de Transformación Digital de Ucrania, Alex Bornyakov, dijo lo siguiente sobre el papel de las criptomonedas en la crisis actual. "En una situación como esta, en la que el banco nacional no está funcionando plenamente, el cripto está ayudando a realizar transferencias rápidas, a que sean muy rápidas y a obtener resultados casi de inmediato".

Al hacerlo, también habló con cautela: "No creo que las criptomonedas desempeñen un papel importante, pero su función es esencial en este conflicto en términos de ayuda a nuestro ejército."

En este capítulo, hemos tocado todo tipo de aspectos relacionados con la guerra entre Ucrania y Rusia y las criptodivisas. El uso de las criptomonedas tiene tanto ventajas como desventajas, ya que el mercado está lejos de estar integrado en todas partes. Una de las ventajas es sin duda la naturaleza descentralizada, pero por supuesto hay mucho más en juego en tiempos de guerra. El hecho de que se pueda recaudar dinero de forma independiente, sin la participación de las superpotencias, es por supuesto alucinante. Tanto los militares como los civiles ucranianos pueden así recibir fondos para ponerse a salvo ellos mismos o sus ciudadanos. También hay dinero disponible de esta manera para invertir en armas o herramientas, donde los rusos no pueden negarles el acceso.

En definitiva, se puede decir que el uso de las criptomonedas puede aumentar y garantizar el desarrollo, la seguridad y el refugio de las personas en todo el mundo. Al hacerlo, proporciona oportunidades para recaudar dinero sin barreras y desplegarlo donde más se necesita. A medida que más personas se familiaricen con el mundo de las criptomonedas y comiencen a convertir sus activos (en parte) en monedas digitales, se espera que se produzca un importante impulso de crecimiento.

Nota: Si se ha entusiasmado con el cripto y su aplicación? Entonces vaya y haga la investigación usted mismo. No se deje llevar por el entusiasmo o la opinión

de otros o por su instinto, sino que haga una
investigación real.

Índice de contenidos

Tu libro GRATIS

Si quieres empezar de forma rentable en el mundo de las criptomonedas, ¡asegúrate de descargar nuestro bono gratuito con **12 valiosísimos consejos para principiantes!**

Con este libro y estos consejos, tendrás garantizado un buen comienzo con tus futuras inversiones.

Regístrese aquí para obtener acceso instantáneo y comenzar su éxito en criptografía:

https://campsite.bio/stellarmoonpublishing

criptografía

¿Busca una nueva forma de invertir?

¿Quieres ganar dinero?

¿Está interesado en invertir pero no sabe por dónde empezar?

17

¿Quiere empezar a operar con criptomonedas con los conocimientos de reputados expertos en finanzas e inversiones?

El curso de trading experto en criptomonedas es el curso más completo sobre el trading y la inversión con criptomonedas. Usted aprenderá a operar en sólo unos minutos al día. Te enseñamos todo, desde el análisis técnico, la gestión del riesgo y mucho más.

Nuestro objetivo es ayudarle a convertirse en un operador de éxito para que su futuro financiero sea seguro.

Invertir nunca ha sido tan fácil con nuestro plan paso a paso que enseña a los principiantes a operar como un experto, ¡con el potencial de obtener enormes beneficios!

Lo mejor de este curso es que está impartido por expertos. Así que, ¿a qué esperas? ¡Empieza hoy mismo!

Para más información, visite este enlace:

https://payhip.com/b/ork8N

Nuestros libros

Consulte nuestro otro libro para saber más sobre las NFT, la negociación y la venta de NFT, cómo obtener beneficios y los consejos y estrategias esenciales para iniciarse a prueba de fallos en el universo de las NFT.

Únase al exclusivo Círculo de Publicación de Stellar Moon, ¡obtendrá acceso instantáneo a **12 consejos extremadamente valiosos sobre criptografía**!

Además, también obtendrá acceso instantáneo a nuestra lista de correo con actualizaciones de nuestros expertos cada semana.

Inscríbase hoy aquí:

https://campsite.bio/stellarmoonpublishing

WEB 3.0

Internet: desde hace mucho tiempo forma parte de nuestra vida cotidiana. Sin embargo, con el paso de los años, Internet ha evolucionado mucho. Mientras que antes sólo podíamos leer algún texto, ahora la web se ha vuelto muy interactiva.

Parece que estamos al borde de otro cambio drástico en la web. De hecho, se habla mucho del paso de la Web2.0 a la Web3.0. Pero, ¿qué es exactamente la Web3.0 y cómo funciona?

La historia de la Web

Para entender bien lo que es la Web3.0 en un momento, es inteligente mirar primero la historia de la Web. Antes de la Web3.0, teníamos la Web1.0 y la Web2.0. Cuando se entiende exactamente lo que fueron estas dos primeras Webs, es mucho más fácil entender qué es exactamente la Web3.0 y por qué podría ser el futuro.

¿Qué es la Web1.0?

Así que, en primer lugar, veamos el comienzo de la Web: Web1.0. La Web1.0 es la primera forma de la Web, los primeros días de Internet. La Web1.0 no recibió su nombre hasta la Web2.0, pero eso no importa por ahora. La Web1.0 nació en 1993, cuando la World Wide Web se abrió a todo el mundo, y terminó en 1998, cuando nació la Web2.0.

La Web1.0 consistía en sitios web sencillos. Piensa en ello como una página web en la que realmente no podías hacer nada, sólo leer algo de información. No era interactivo, pero había mucho contenido disponible. Eran básicamente libros, pero procesados en la web.

En ese momento, la web representaba muy poco, pero era una forma de que la gente tuviera mucha información a su disposición. Aquí se sentaron las bases de lo que más tarde sería la Web2.0 y ahora la Web3.0.

La historia de la Web
Para entender lo que es la Web3.0, es inteligente mirar primero la historia de la Web. Antes de la Web3.0, teníamos la Web1.0 y la Web2.0. Cuando se entiende exactamente lo que fueron estas dos primeras Webs, es mucho más fácil entender qué es exactamente la Web3.0 y por qué podría ser el futuro.

¿Qué es la Web1.0?
Así que, en primer lugar, veamos el comienzo de la Web: Web1.0. La Web1.0 es la primera forma de la Web, los primeros días de Internet. La Web1.0 no recibió su nombre hasta la Web2.0, pero eso no importa por ahora. La Web1.0 nació en 1993, cuando la World Wide Web se abrió a todo el mundo, y terminó en 1998, cuando nació la Web2.0.

La Web1.0 consistía en sitios web sencillos. Piensa en ello como una página web en la que realmente no podías hacer nada, sólo leer algo de información. No era interactivo, pero había mucho contenido disponible. Eran básicamente libros, pero procesados en la web.

En ese momento, la web representaba muy poco, pero era una forma de que la gente tuviera mucha información a su disposición. Aquí se sentaron las bases de lo que más tarde sería la Web2.0 y ahora la Web3.0.

¿Qué es la Web2.0?

En 1998, hicimos la transición a la Web2.0. Durante la Web2.0, la web se utilizó cada vez más como herramienta de comunicación. A partir de entonces, los usuarios de Internet podían empezar a contribuir a la web. La web se volvió cada vez más interactiva.

A partir de ahora, no sólo había páginas web tipo enciclopedia, sino también sitios de redes sociales, blogs, sitios web de vídeo, etc. La Web2.0 es básicamente la forma en que conocemos Internet hoy en día. Básicamente se puede hacer casi cualquier cosa que se pueda imaginar.

También puedes añadir algo a Internet por ti mismo, por ejemplo creando tu propio sitio web o publicando un comentario en una página, pero no eres el jefe. Los grandes actores como Google, Facebook y Amazon siguen determinando lo que sucede, por ejemplo, a través de algoritmos, pero también simplemente por la influencia que tienen.

¿Qué es la Web3.0?

Esto último va a cambiar en la Web3.0. En la Web3.0, todos nos convertimos en el jefe de la web. El código abierto es una parte importante de la Web3.0, cualquiera puede añadir algo a la web en la Web3.0.

Además, todos los datos estarán conectados de forma descentralizada. Este es quizás el mayor cambio respecto a la Web2.0. Mientras que antes los datos estaban en manos de una serie de grandes actores (centrales), en la Web3.0 se almacenan de forma descentralizada.

La posibilidad de que la criptomoneda y la cadena de bloques contribuyan a la Web3.0 es muy grande. La cadena de bloques también está descentralizada y también es un libro de contabilidad en el que se pueden almacenar datos. Podría decirse que encaja exactamente con la Web3.0.

Los contratos inteligentes también pueden contribuir enormemente a la Web3.0. Los contratos inteligentes son contratos totalmente digitales, formados por código informático. Los contratos inteligentes pueden garantizar que determinadas tareas se realicen de forma automática, pero segura, sin necesidad de un intermediario.

En la Web3.0, la web trataría los datos de forma más inteligente y sería capaz de procesarlos de forma descentralizada y automática. Todo el mundo contribuiría a la web y ya no habría superpoderes reales que la controlaran.

Las ventajas y desventajas de la Web3.0
Como todo, la Web3.0 tiene tanto ventajas como desventajas. Empecemos a ver estas ventajas y desventajas.

Las ventajas
En primer lugar, veremos las ventajas. La primera ventaja, por supuesto, es la conexión de todos los datos. Internet se convierte realmente en una especie de gran red, por así decirlo, en la que todos los datos se almacenan de forma descentralizada.

Otra ventaja es que el diseño suele ser bonito, pero sencillo. Navegar por la web también será mucho más productivo y habrá más cooperación entre los usuarios, por ejemplo, a través del código abierto.

Además, trabajar a través de Internet será más eficaz y fácil porque es más personalizado. Tú decides lo que ves, y eso ya no lo determinan superpoderes como Facebook o Google.

Esto también es algo que mucha gente ve como una ventaja. Está descentralizado y los grandes actores ya no controlan tu actividad en Internet. Que veas esto como una ventaja depende, por supuesto, de ti.

Estas son las principales ventajas de la Web3.0, pero cuando la Web3.0 se utilice más ampliamente, podremos decir cuáles son las principales ventajas de la nueva forma de Internet.

Las desventajas
Por supuesto, la Web3.0 también tiene algunas desventajas. Los dispositivos más antiguos probablemente no se beneficiarán de la Web3.0. Estos dispositivos son demasiado viejos y pueden no ser capaces de conectarse a la red.

Además, los sitios web de la época de la Web1.0 empezarán a parecer muy anticuados. Como resultado, probablemente dejarán de utilizarse y quedarán "enterrados" en algún lugar de la web.

Además, es probable que la Web3.0 sea bastante difícil de entender al principio para los recién llegados. Por ejemplo, para las personas que ya han utilizado varios protocolos de blockchain no será tan difícil, pero alguien que no tenga absolutamente ninguna experiencia en esto necesitará alguna orientación al principio.

Otro inconveniente es que va a ser potencialmente fácil encontrar información sobre otros usuarios. Dado que todo se almacena en una gran red de información y es público, por lo que también se puede encontrar mucha información sobre otros usuarios aquí.

También puede ser visto por la gente como una desventaja que ya no haya un superpoder a cargo de lo que sucede. Aunque, por supuesto, no es ideal tener que mirar un anuncio cada 3 publicaciones en Facebook, por ejemplo, Facebook se asegura de que todo vaya por el buen camino. Se aseguran de que las publicaciones sean revisadas y de que todo siga siendo seguro. Eliminan a los estafadores de la plataforma y te protegen de cosas que quizá no quieras ver. Nada de esto ocurrirá una vez que la Web3.0 esté totalmente adoptada. Ya no hay superpoderes que lo controlen todo, por lo que, por ejemplo, también podrías exponerte más fácilmente a los estafadores o a otras personas con las que no quieras tratar.

Ejemplos de Web3.0
Por supuesto, sólo se puede tener una buena idea de lo que puede ser la Web3.0 cuando se tienen ejemplos concretos de la misma. La mejor forma de compararla es con las dApps, como ya las conocemos.

dApp significa aplicación descentralizada. En realidad, las dApps son el software de la cadena de bloques.

Los programas informáticos tal y como los utilizamos actualmente, como Microsoft Word, Google y GTA V, están descentralizados. Los usuarios no pueden ver cómo funciona y no pueden colaborar en él.

Con las dApps, y como ya hemos explicado antes sobre la Web3.0, esto es posible porque es de código abierto.

Esto significa que el código del software es público y cualquiera puede acceder a él, copiarlo y utilizarlo.

Los ejemplos de dApps en este momento son DEXs (intercambios descentralizados). Un intercambio descentralizado es un intercambio sobre el que nadie tiene el control, a diferencia de los intercambios centralizados. La liquidez es proporcionada por los usuarios y todo el intercambio puede existir gracias a los esfuerzos de los usuarios.

Un ejemplo concreto de una dApp es, por ejemplo, Augur. Augur es una dApp en la red Ethereum y se puede comparar con Unibet. Puedes utilizar Augur para apostar por el resultado de ciertos eventos. Por ejemplo, piensa en eventos deportivos, como peleas de MMA o partidos de béisbol de la MLB, pero también en el resultado del mercado de criptomonedas. Por ejemplo, puede apostar sobre si el precio de una criptomoneda en particular está por encima de un objetivo determinado en una fecha determinada. Augur es, por tanto, completamente descentralizado y de código abierto.

Otro ejemplo concreto de una dApp es Everipedia. Everipedia es una dApp en la red blockchain y la mejor forma de compararla es con Wikipedia. Everipedia contiene información y noticias sobre básicamente todo lo relacionado con blockchain. Cualquiera puede añadir artículos a Everipedia y está completamente descentralizada. Así, por ejemplo, nadie decide lo que está o no está permitido en la plataforma, porque nadie tiene poder sobre la misma.

Invertir en la Web3.0

Quizá al leer este blog haya pensado: ¿cómo puedo invertir en la Web3.0? No es una pregunta descabellada en absoluto, ya que la popularidad de la Web3.0 ha aumentado a un ritmo tremendo en los últimos meses. La forma más obvia de invertir en la Web3.0 sería invirtiendo en protocolos de la Web3.0, como una de las dApps mencionadas anteriormente.

Por ejemplo, puedes invertir en el token de una DEX. Piensa en el token de Uniswap, UNI, o en el token de PancakeSwap, CAKE. Cuando inviertes en el token de una DEX, básicamente inviertes en el éxito de una DEX. De hecho, a menudo el token sirve como token de gobierno, por ejemplo. Esto significa que los propietarios del token pueden votar sobre el futuro de la plataforma. Por lo tanto, cuanta más gente utilice la plataforma, más gente querrá participar en la toma de decisiones, más gente comprará la moneda y esto hará que el precio suba.

Otro ejemplo concreto de inversión en la Web3.0 es, por ejemplo, Filecoin. Filecoin es un protocolo descentralizado que permite a cualquiera "prestar" espacio de almacenamiento en su ordenador. Así también, cualquiera puede "comprar" espacio en la red. En realidad, es similar a Google Cloud o Amazon Web Services tal y como los conocemos hoy, sólo que el espacio lo prestan los propios usuarios, en lugar de las superpotencias, en este caso Google y Amazon.

De este modo, hay un proyecto Web3.0 para casi todo lo que vemos actualmente en Internet. Con un poco de investigación, a menudo se puede encontrar un proyecto Web3.0 que ofrezca una solución para un determinado problema y se podría invertir en él.

La Web3.0 podría ser la nueva Internet. Cada vez parece más que después de la Web1.0 y la Web2.0 nos dirigimos hacia la Web3.0.

La Web3.0 es una nueva forma de Internet, en la que el poder ya no está en manos de unos pocos superpoderes. No sólo el poder ya no está en manos de unos pocos superpoderes, sino que todos los que la utilizan contribuyen a ella al mismo tiempo. Además, está perfectamente sintonizado ya que todo el mundo lo quiere para sí mismo.

Eso suena ideal, por supuesto. Sin embargo, por supuesto, tiene ventajas y desventajas. Por ejemplo, se puede ver como una ventaja, pero también como una desventaja, que ya no hay superpoderes en el juego, y todo está descentralizado.

Aunque ya no está determinado para ti lo que puedes ver, tampoco está controlado lo que puedes ver. Así, por ejemplo, puedes exponerte más fácilmente a los estafadores.

No cabe duda de que la Web3.0 se verá en todas partes dentro de unos años, por lo que podría invertir en ella. Sin embargo, nada de lo que has leído en este blog es un consejo financiero, por lo que siempre debes hacer tu propia investigación y sólo invertir en base a tus propias conclusiones.

La hoja de ruta de Ethereum

Ethereum es conocida como la primera plataforma de contratos inteligentes, que fue lanzada en 2015 y ha sido favorecida por desarrolladores, usuarios e inversores por igual desde entonces. A pesar de que el interés por Ethereum ha sido muy alto durante años, y la tecnología es ampliamente utilizada, la plataforma está lejos de estar acabada.

Vitalik Buterin, el fundador y director general de Ethereum, indicó durante el evento EthCC que Ethereum está actualmente sólo un 40% terminado. Por lo tanto, aún queda un largo camino por recorrer. Durante el mismo evento, el CEO habló de los pasos que aún deben darse para completar el proyecto, creando una especie de "hoja de ruta de Ethereum".

La hoja de ruta consta de un total de cinco partes. En este capítulo puedes descubrir cómo es la hoja de ruta de Ethereum y qué significa para los inversores, desarrolladores y usuarios de la blockchain de Ethereum.

La cadena de bloques de Ethereum
Mientras que Bitcoin se considera el perchero del mercado de las criptomonedas, donde todas las altcoins actúan como abrigos, se podría argumentar que Ethereum tiene un papel similar. La cadena de bloques de Ethereum se considera el perchero de un nuevo tipo de Internet.

Ethereum es la base tanto de las aplicaciones descentralizadas (dApps) como de los contratos inteligentes, que pueden crearse en la blockchain de Ethereum. Gracias a la tecnología blockchain, desarrollar o crear estas aplicaciones es mucho más seguro y transparente, lo que se debe en parte a que el proyecto de Vitalik Buterin es un protocolo blockchain de código abierto.

Si quieres crear tu propia dApp o contrato inteligente en la red de Ethereum, tendrás que entender lo necesario de la programación. Para programar en Ethereum, tendrás que descubrir el lenguaje de programación de Ethereum. Este lenguaje de programación se llama Solidity y está etiquetado como una forma sencilla de crear dApps o contratos inteligentes.

Actualmente (julio de 2022), Ethereum sigue utilizando el sistema Proof-of-Work (PoW), en el que los ordenadores se despliegan para mantener la seguridad de la red. Por este esfuerzo, estos mineros son recompensados en forma de ETH, la moneda de Ethereum.

El objetivo de Ethereum es pasar al sistema Proof-of-Stake (PoS) para 2022, en el que los ordenadores ya no necesitan minar, sino que el cese de Ethereum es importante. Este método se considera una alternativa sostenible que es mejor para el medio ambiente.

Vitalik Buterin
El hombre importante de Ethereum es Vitalik Buterin.
Es el fundador y CEO de Ethereum, y vio el enorme
potencial de su proyecto hace años. Sin embargo, lo que
es un hecho notable es que ha hecho saber en el pasado
que la blockchain de Ethereum no tenía en cuenta las
NFT.

Quién sabe, puede que nos encontremos con
momentos similares en el futuro, en los que surja un
mercado completamente nuevo y la hoja de ruta de
Ethereum resulte no estar completamente terminada.
Por ahora, la atención se centra en cinco componentes
diferentes, que Buterin anunció durante la EthCC.

EthCC son las siglas de Ethereum Community
Conference, y se celebró en Francia. En ella, Buterin
habló de la hoja de ruta y de los diferentes nombres
que ha dado a los componentes. Todos los nombres son
similares y riman entre sí. Así que puede ser difícil
recordar todos los nombres en orden.

La fusión
Buterin indicó que el protocolo de Ethereum sólo
estaba completado en un 40%, pero que The Merge lo
llevará al 55%. Cuando The Merge esté completa, el
CEO cree que el proyecto estará un 15% más avanzado.
Así que The Merge está teniendo un gran impacto en
Ethereum, pero ¿qué es exactamente?

La Merge es una fusión de la Beacon Chain y la blockchain tradicional de Ethereum, o la mainnet de Ethereum. Esta fusión es un desarrollo importante para la comunidad de Ethereum, ya que han estado trabajando en este movimiento durante años. Si la fusión fracasa, se habrán desperdiciado años de dinero y desarrollo.

La fusión de la red principal y la cadena Beacon también significa que Ethereum está pasando a Proof-of-Stake (PoS). Un momento único, nunca antes visto dentro del mundo de las criptomonedas.

Mi colega Matt escribió anteriormente un blog sobre The Merge, que puedes descubrir a través de este enlace. Aquí Matt entra en más detalles sobre The Merge y además cuáles son las implicaciones de este desarrollo.

La oleada

Junto con los elevados costes de las transacciones, la escalabilidad es un problema importante con Ethereum. Muchos inversores y usuarios están cambiando a otras plataformas de blockchain, porque se ven menos afectadas por estos problemas. Sin embargo, con The Surge, esto puede cambiar en el futuro.

Durante The Surge, la segunda parte de la hoja de ruta de Ethereum, se añadirá la fragmentación. Sharding significa que la red se dividirá en múltiples partes, lo que permitirá una mejor gestión de la red. Una de las consecuencias de The Surge es que los rollups serán mucho más baratos. Además, los nodos serán más fáciles de gestionar.

The Verge
Cuando los desarrollos en torno al protocolo Ethereum están a medio camino, el protocolo se encuentra en la sección The Verge. En este paso, la atención se centrará en los nodos y los validadores. Estos aspectos son una parte importante de la tecnología blockchain.

El ajuste que se realiza en The Verge se llama "Verkle Trees" por Buterin. Al hacerlo, el tamaño del nodo se reduce y Ethereum se vuelve más escalable. Al hacerlo, es posible convertirse en un validador de la red, sin tener que almacenar grandes cantidades de datos.

Ethereum se considera una plataforma centralizada, pero con The Verge esto cambiará. El propio Buterin califica este movimiento como un buen paso para la descentralización del protocolo Ethereum.

A menudo, los proyectos que tienen planes descentralizados comienzan como un proyecto centralizado. A medida que el proyecto crece y la descentralización se hace más factible, se implementa. La descentralización ha sido uno de los puntos centrales desde el inicio de las criptomonedas, algo que Ethereum no ha perdido de vista todavía

La Purga

Con la cuarta parte de los planes de futuro de Ethereum, el final parece acercarse lentamente. Este componente se llama La Purga. Esta parte implica abordar el historial de la red en la plataforma. En el proceso, se purgarán los datos antiguos, lo que debería hacer que el protocolo funcione mejor.

Buterin dijo que mediante La Purga, el protocolo se simplifica al no requerir que los nodos almacenen el historial. Como resultado, los nodos tienen más espacio libre en el disco duro porque el protocolo simplemente le pide menos al disco duro.

El derroche
La quinta y última parte de la hoja de ruta de Ethereum se denomina The Splurge. Cuando el equipo llega a este paso, la mayor parte del trabajo ya se ha realizado y se han alcanzado los principales hitos. Ahora es el momento de trabajar, lo que Buterin llama "cosas divertidas".

Esta parte de los planes es para varias actualizaciones pequeñas y hacer mantenimiento. Estas actualizaciones y el mantenimiento permitirán que la plataforma de contratos inteligentes de Ethereum siga funcionando y completar la hoja de ruta.

Construya sus fondos de jubilación

Actualmente nos encontramos en tiempos difíciles, y no sólo económicamente. El cambio climático, la crisis de los refugiados, una guerra, una inflación disparada y una crisis sanitaria mundial. Son muchos los temas de los que te puedes preocupar, pero con tu poca influencia.

Pero su situación financiera sí puede cambiar. En este capítulo, te mostraré tres formas de aumentar tu jubilación, para que puedas disfrutar de verdad de tu vejez.

Reservar dinero para una jubilación sin preocupaciones

Todos conocemos las pensiones, porque ¿quién no ahorra para una vejez relajada? En Holanda todos recibimos la AOW, que cubre en gran medida nuestros gastos básicos. Si queremos disfrutar un poco más de la vida, como salir a comer fuera, ir de vacaciones y comprar los últimos artilugios de vez en cuando, la pensión de vejez por sí sola no es suficiente. Y menos en una sociedad cada vez más cara. Pero, ¿cómo se puede acumular ese colchón para tener al menos asegurada una última etapa de la vida agradable?

Puede hacerlo mediante el ahorro de pensión complementaria. Al aumentar su límite de gasto futuro, ya puede beneficiarse de las ventajas fiscales. Hay tres formas que vamos a comentar aquí: la inversión, el ahorro y el ahorro bancario.

1. Ahorro

El ahorro solía ser la norma. Cada mes se apartaba una parte de los ingresos, de modo que había suficientes reservas para las vacaciones o si se estropeaba la lavadora. Simplemente se acumulaba una pensión con el empleador, que solía ser la norma de oro. Hoy en día, esto no es tan evidente y hay tantas variantes del contrato de trabajo consagrado que hay más gente sin seguro de pensiones que con él.

Ahorrar es una forma de crear riqueza adicional, pero luego no hay que tener demasiados contratiempos. Una tasa de ahorro negativa y una inflación disparada, como ocurre ahora, son como una gota de agua. ¿Cuáles son las ventajas y los inconvenientes de este método de ahorro adicional para la jubilación?

Ventajas

- El dinero está simplemente en su cuenta de ahorro, por lo que puede retirarlo en cualquier momento;
- Hoy en día se puede ahorrar automáticamente en el banco, lo que facilita la acumulación de riqueza de forma inadvertida.

Desventajas

- Ya paga el impuesto sobre el patrimonio por encima de 50.650 euros (2022);

- Con los tipos de interés actuales, estarás retrocediendo en lugar de avanzar;
- Baja rentabilidad a largo plazo, por lo que son malas noticias para su pensión;
- El aumento de la inflación no es un buen efecto secundario.

2. Ahorro bancario

El ahorro bancario también solía ser más normal de lo que es ahora, ya que también se llama cuenta de ahorro de renta. Si, como yo, eres un millennial, entonces no estarás tan familiarizado con esto. Esta forma de ahorro no sólo está un poco anticuada en cuanto a su uso, sino que, además, ya no es tan lucrativa. Echa un vistazo.

Beneficios

- Acumule sus activos poco a poco, hasta que se jubile;
- Ya sabes lo que vas a cobrar mensualmente más adelante;
- Ahora no paga impuestos, pero lo hará cuando pague.

Desventajas

- No hay opción de jubilarse anticipadamente y disfrutar de este colchón;
- Forma compleja de ahorrar, debido a las normas fiscales;
- Implica un intermediario, por lo que también es una propuesta cara.

3. Invertir para la jubilación

Invertir para su jubilación es, por supuesto, la opción más interesante. Puedes invertir en todo tipo de activos, de modo que puedes invertir en tu futuro con una cartera diversa. Por supuesto, esto no es un consejo financiero, porque siempre debes hacer tu propia investigación. No confíes ciegamente en la opinión de nadie y tampoco sigas el instinto de nadie, ¡porque es tu dinero! Dicho esto, quiero examinar más de cerca la inversión para la jubilación.

Elige invertir en acciones, inmuebles, bonos, NFTs, cripto y fondos de inversión. Ya sea depositando una cantidad mensual en Bitcoin (BTC), comprando acciones regularmente a través de Etorro, invirtiendo en oro o simplemente añadiendo los ETFs de BitPanda: ¡la elección es tuya!

Tenga en cuenta: la inversión en pensiones es una forma oficial de ahorro para pensiones, en la que sus opciones son limitadas. Por ejemplo, puede depositar a través de determinados planes de ahorro para pensiones, pero no puede vender antes y hacer que le paguen los beneficios. Cuando se invierte sin un protocolo oficial, esto es posible, por supuesto.

Beneficios
Un rendimiento relativamente alto a largo plazo;
- Pagar un mínimo de impuestos con su declaración anual de la renta;
- Experimente las ventajas fiscales;

- Añada diversidad a su cartera, para repartir sus oportunidades.
- Desventajas
- No hay garantías, como en las otras formas de ahorro complementario para la jubilación;
- Vender antes de tiempo y sacar el dinero es posible con la inversión, pero no con la inversión en pensiones;
- Pagar el impuesto sobre las plusvalías por encima de 50.650 euros;
- Las leyes y los reglamentos cambian con bastante frecuencia, por lo que hay que estar atento a ello.

¿Cuánto dinero debería tener realmente para su jubilación?

Si nunca ha pensado en ello, éste es un buen primer paso. Ahora ya sabes cuáles son las opciones para construir una pensión, pero ¿cómo llegar a ella? Aproximadamente el 70% de tus últimos ingresos se considera una buena pensión. Puedes ver cuánto te corresponde recibir a través de la plataforma del gobierno y a través de tu(s) proveedor(es) de pensiones, pero esto es sólo la pensión acumulada a través de las vías oficiales de pensión. No incluye las inversiones ni las cuentas de ahorro.

Supongamos que estás en la treintena y de repente piensas: ¡al diablo, tengo que hacer algo para después! Si eres soltero y tienes unos ingresos mensuales brutos de unos 2.250 euros, entonces asumes (en un 70%) una cantidad objetivo de 1.575 euros al mes. Esta es la cantidad que necesitarás más adelante para vivir cómodamente. Hay dos pasos para llegar desde hoy a una vejez relajada y son los siguientes:

¿Cuál es su objetivo?

¿Cuánto tiempo le queda para trabajar en ello?

Si tienes 30 años, eso significa que te quedan unos 35 años para trabajar hacia la jubilación. Es posible que su cuenta de ahorros esté un poco vacía y abandonada en este momento, por lo que tiene una base real y debería empezar sin nada. No hay un depósito único y empiezas a trabajar en tu futuro de forma mensual. Si suponemos que la prestación de la pensión estatal es de unos 1.250 euros al mes, un poco de matemáticas muestra que por cada diez años después de alcanzar la edad de jubilación, necesitarás unos 39.000 euros. Dependiendo de la edad que alcance, esta cantidad aumenta. Si vive hasta los 97 años, necesitará reunir hasta 117.000 euros.

Si empezara inmediatamente a los 30 años, le bastaría con 263,51 euros al mes.
Eso es bastante factible, ¿no?

¿Necesitas primero un ingreso mayor, antes de empezar a ahorrar para después? Entonces lea este capítulo sobre cómo puede obtener ingresos pasivos con las criptomonedas, entre otras cosas. Eso sí, ten en cuenta que siempre debes construir tu patrimonio consultando a un experto financiero o que profundices en el asunto por ti mismo. En nuestro país, el sistema fiscal no siempre está en consonancia con nuestras propias ambiciones y deseos.

¿Y si quiere jubilarse pronto?

Personalmente, me imagino que le gustaría jubilarse pronto. Cuanto más capital acumule, antes podrá jubilarse por completo o tal vez trabajar menos. ¿Y qué hay de una pensión provisional, el consabido año sabático, ha pensado alguna vez en ello? Un año sabático proporciona una nueva aventura en tu vida, o un descanso, justo lo que necesitas. Tienes el tiempo y el espacio para hacer lo que te da energía, pero luego tienes que crear el espacio financiero que necesitas para ello.

¿Qué es un año sabático?

Un año sabático es una pausa en tu trabajo. Un momento para vivir tu vida sin las limitaciones del día a día. Por supuesto, puedes irte de mochilero, hacer un viaje lejano o simplemente acampar en el patio de tu casa. Sea lo que sea lo que te haga feliz, tienes que pensar en cuánto tiempo quieres tomarte ese descanso. ¿Te irás unos meses? ¿Seis meses o un año? ¿Más tiempo? Dependiendo de la duración, y de lo que vayas a hacer mientras tanto, puedes calcular el coste.

¿Cuánto cuesta un año sabático?

Ni que decir tiene que 12 meses de viaje alrededor del mundo serán más caros que seis meses en tu propio jardín disfrutando del canto de los pájaros. Una vez hice un cálculo para Peaks que mostraba que un viaje de seis meses al sudeste asiático para dos personas costaría 4.750 euros al mes. Para seis meses eso supondría casi 30.000 euros, pero eso incluía los vuelos nacionales, muchas visitas a restaurantes y viajes exclusivos, así que también se puede hacer mucho más barato. Por el mismo dinero, también puedes optar por tomarte 12 meses de vacaciones en tu entorno, así que sólo depende de lo que prefieras.

En este capítulo hemos hablado de la pensión y de la pensión intermedia, también conocida como año sabático. Hemos analizado tres formas de complementar la pensión; formas que además son fiscalmente posibles en nuestro país. Hay que tener en cuenta muchas cosas, por eso hemos expuesto las ventajas e inconvenientes de las tres formas: ahorro, inversión en pensiones y ahorro bancario.

He mostrado un ejemplo de cálculo para tu vejez, así que también puedes preparar este cuadro para ti. Ten en cuenta que esto no es un consejo financiero y que siempre debes informarte con alguien que entienda de finanzas y fiscalidad. Cada situación es única, por lo que su vida y su situación financiera también requieren un enfoque personalizado. Empiece por determinar su visión de futuro. ¿Cuánto dinero necesita para entonces y cuántos años le quedan para conseguirlo? Por supuesto, también puede ser que quiera jubilarse a los 50 años, en cuyo caso tendrá que ajustar un poco el cálculo.

Invertir en relojes

El dinero en un calcetín bajo el colchón, la inversión en bienes raíces o sacar esas tarjetas de Pokemon del ático, después de todo. Hacemos todo lo posible para maximizar nuestros rendimientos. En tiempos de alta inflación, es hora de actuar y nos enfrentamos al hecho de que nuestro dinero vale cada vez menos. Por eso cada vez más gente se refugia en las inversiones. No sólo en criptomonedas o acciones, sino también en bienes de lujo como los relojes.

Proteger su patrimonio contra la caída del poder adquisitivo
En 2022 los comestibles se encarecieron, comprar una casa se hizo cada vez más difícil, ¿y la gasolina? Eso ya es una sangría para nuestros recursos. Pero en tiempos de disminución del poder adquisitivo, cuando tu dinero vale cada vez menos, cada vez más gente utiliza diferentes formas de inversión. Por ejemplo, se puede invertir en fondos cotizados (ETF) como el popular S&P500, pero cada vez más vemos que la gente compra bienes de lujo como protección de su poder adquisitivo. No sólo comprando ese bolso de edición limitada de Chanel para presumir ante sus amigos, sino para mantenerlo como un activo real. De todos modos, son una alternativa mejor porque conservan su valor, a diferencia de las monedas fiduciarias como el dólar y el euro.

Invertir en productos de lujo, ¿un acierto?

Si nos fijamos en la cotización de la empresa francesa
Louis Vuitton Moët Hennessy, el mayor conglomerado
de productos de lujo del mundo, vemos que el precio ha
subido mucho en los últimos años. Donde a finales de
diciembre de 2018 veíamos un precio de 41 euros, en el
momento de escribir este capítulo vemos un precio
actual de 635 euros.

Tenga en cuenta que no todos los productos de lujo
conservan su valor, o incluso lo aumentan. Por ejemplo,
hay numerosos productos que pierden su valor de
forma significativa en las primeras semanas o meses.
Piense en los coches exclusivos y caros. Cuando hacen
sus primeros kilómetros, pierden significativamente su
valor. ¿Quiere invertir en un producto que pueda -con
suerte- vender más tarde para obtener un beneficio?
Entonces un coche no es la mejor opción.

Los relojes como inversión
Los ricos de este mundo los tienen todos en su
colección: relojes que valen una espléndida villa o un
coche carísimo. ¿Es sólo para ser vistos, como parte de
su imagen, o son estos "ricos y famosos" inteligentes
inversores? Descubra aquí 5 marcas que tienen el mejor
historial de mantenimiento de su valor, o que incluso
han aumentado su valor:

Rolex
Desde los empresarios internacionales hasta el rapero
Holland, parece que todo el mundo habla de Rolex, los
relojes suizos. Cuando pensamos en relojes únicos y

caros, Rolex es invariablemente el número uno. Durante años ha dominado las listas como la mejor inversión en lo que a relojes se refiere. No sólo los precios aumentaron un 3,4% a principios de 2022, sino que la demanda de estos escasos relojes de lujo no deja de aumentar.

Rolex mencionó anteriormente que no tiene previsto aumentar su capacidad de producción. Esto significa que la escasez de oferta seguirá creciendo. ¿El resultado? El precio de este reloj de lujo seguirá subiendo, cuando la demanda aumente pero la oferta siga siendo la misma.

Rolex Daytona 18 quilates
Una de estas joyas es el Rolex Daytona 18 quilates con esfera verde de oro amarillo 116508. No sólo es una verdadera delicia para la vista, sino también una inversión lucrativa. El precio de este reloj de lujo aumentó considerablemente con el paso de los años:

- Agosto de 2018: 27.000 euros
- 2019 Julio: 38.500 euros
- 2020 Agosto: 42 200 euros
- 2021 septiembre: 70 600 euros
- 2022 Marzo: 121 800 euros

Patek Philippe
La marca de relojes suizos Patek Philippe no es ajena a los verdaderos entusiastas. Desde la abundancia de diamantes sobrevalorados hasta un brazalete acabado

en una piel especial de aligátor. Se paga mucho, pero también se obtiene algo a cambio. Con más de 140 modelos, un Patek Philippe le costará entre 12.500 dólares y cantidades astronómicas de incluso millones de dólares. Cuanto más raro sea el modelo, mayor será el precio. Afortunadamente, también hay modelos que son asequibles (léase: más asequibles) para el público en general. Por ejemplo, ya tiene un Patek Philippe de entre 5.000 y 10.000 dólares.

Los 3 relojes más caros Patek Philippe
Patek Philippe no sólo es una marca de relojes popular, sino que es una de las más caras. A continuación, vamos a ver los 3 relojes más caros de la conocida marca de relojes de lujo:

1. Patek Philippe Grandmaster Chime 6300

Esta joya es sin duda el reloj más caro del mundo. No sólo se considera el reloj más complejo fabricado hasta la fecha, sino que este ejemplar también contiene una alarma y lleva grabado: "The Only One". ¿Tiene curiosidad por saber cuánto cuesta este ejemplar? El reloj se vendió por unos 31,19 millones de dólares. Una ganga, ¿verdad? Otras fuentes como ManOfMany hablan incluso de que podría valer 72 millones de dólares en julio de 2020.

2. Acero inoxidable Patek Philippe

Lo que hace que este reloj sea especial es que este modelo es el primer cronógrafo del mundo con calendario perpetuo. Se han fabricado un total de 281 modelos de él, pero sólo 4 de ellos son de acero inoxidable. Otro gran ejemplo de cómo la escasez puede determinar el valor de un producto de lujo. ¿El precio? Mucho más barato que el Grandmaster Chime, pero sigue siendo comercializable por unos 11,4 millones de dólares.

3. Patek Philippe Gobbi Milan 'Heures Universelles' 2523

¿Qué hace que un reloj único sea aún más único? Los materiales, por supuesto. En total, sólo se fabricaron 7 ejemplares del Gobbi Milan con agujas de oro rosa y marco azul. Al parecer, varios de ellos han perecido a lo largo de los años, lo que hace que éste sea aún más escaso. ¿Le gustaría poseer exactamente este ejemplar? Entonces tendrá que pagar unos 9 millones de dólares.

Cartier

Cuando el prestigio es lo primero, se recurre rápidamente a la casa de joyas francesa Cartier. La marca se asocia más a menudo con la realeza de todo el mundo. Los relojes de lujo de Cartier conservan su valor dependiendo de varios factores.

Por ejemplo, un Cartier Vintage puede aumentar su valor más que un modelo más nuevo. Este precio también depende, como en el caso de otras marcas, de las tendencias. También se ha investigado para determinar qué relojes tienen más potencial en el mercado secundario:

- Tanque Cartier
- Santos de Cartier
- Ballon de Cartier
- Pasha de Cartier
- Panthere de Cartier
- Calibre de Cartier

Audemars Piguet

Desde hace más de 100 años, la empresa suiza Audemars Piguet es uno de los líderes en materia de relojes exclusivos. No es de extrañar, pues, que el mundo haya puesto sus ojos en estos exámenes como inversión. Hay innumerables razones por las que los entusiastas afirman que Audemars Piguet es la mejor inversión, pero cuando miramos los números, vemos que el precio ha aumentado la friolera de un 18% en 2021.

La revista Forbes nombró a Audemars Piguet 'Marca de relojes más respetada' durante nada menos que 7 años seguidos, de 2011 a 2017. Y un dato curioso: nada menos que Beyonce compró varios ejemplares para su marido Jay-Z. Pero varias estrellas de Holywood son fans: Drake, Kim Kardashian y Kanye West.

¿Te inspiras en los famosos anteriores? Entonces pagarás una fuerte suma de dinero. Los precios oscilan entre los 3.500 y los 25 millones de dólares por piezas únicas. Por supuesto, todo depende de la edición, los materiales utilizados y las características. Por eso es importante investigar, para poder estimar si merece la pena la inversión.

Vacheron Constantin
No es de extrañar que Vacheron Constantin sea también una marca suiza. Con la creciente y continua popularidad de Rolex, los coleccionistas e inversores buscan alternativas. En este proceso, Vacheron Constantin está ganando popularidad, gracias en parte a las redes sociales. La marca tiene una colección llamada Overseas que es abiertamente alabada. Esta colección existe desde 1996, pero recibió un cambio de imagen en 2016.

Su capítulo estrella en esta colección es el Overseas Tourbillon del que sólo hay 3 piezas en esa composición. Gracias a su escasez, se vende por 108.000 libras esterlinas, lo que equivale a 128.000 euros.

¿Cómo se determina el valor de un reloj?
¿Está contando todos sus ahorros para comprar un reloj? Cuidado, en realidad vemos que no todos los relojes son una buena inversión. El precio de un producto de lujo viene determinado simplemente por la correlación entre la oferta y la demanda, como en la economía clásica. Si hay una oferta limitada, pero la demanda es muy alta, el producto aumentará su valor.

Vemos que todos estos relojes de lujo tienen una edición limitada, por lo que hay mucha demanda por parte de la clase acomodada de todo el mundo. ¿Se ha hecho con un ejemplar tan bonito? Entonces puede venderlo, esperando que alguien esté dispuesto a pagar más.

¿Cuáles son los peligros y riesgos de invertir en relojes?

Invertir siempre conlleva ciertos riesgos, y lo mismo ocurre con la inversión en relojes. A pesar de que los precios de estos productos de lujo únicos siguen subiendo, es aconsejable investigar cuidadosamente también en este caso. No hay garantías.

Productos falsos

No sólo Hollywood adora estas llamativas piezas, los delincuentes y estafadores las ven con la misma ilusión. Observan estos relojes de lujo con recelo y con la mayor delicadeza los hacen copiar, para venderlos a los precios del momento. Dinero rápido, ¿verdad? Por eso, acuda siempre a un distribuidor oficial y no haga nunca negocios con desconocidos. Al fin y al cabo, no estamos hablando de unos pocos tenners.

Seguridad

¿Piensa usar su reloj o sólo lo guarda como una inversión? Por desgracia, cada vez vemos más gente que sufre robos, incluso a plena luz del día, a causa de sus caros relojes. Sin piedad, los ladrones harán cualquier cosa para robarle ese reloj tan caro. Por lo tanto, asegúrese siempre de guardar su reloj en un lugar seguro. Puede ser en una caja fuerte en casa, o incluso en una caja fuerte en el banco. Para que un reloj caro pierda el valor de una casa, es obvio que no hay nadie que lo espere.

Se puede invertir de muchas maneras. Con la llegada de Internet, no sólo hay más información disponible, sino también más oportunidades para invertir. Desde las materias primas, hasta el oro, pero también hay que pensar en productos de lujo como bolsos de diseño y también relojes. En tiempos de inflación, en los que el valor de nuestro dinero es cada vez menor, los inversores eligen algo que tiene más posibilidades de conservar su valor. Y en el mejor de los casos, sigue aumentando su valor.

Esta inversión puede ser tanto a corto como a largo plazo. Considere la posibilidad de adquirir relojes únicos que formen parte de un legado y se transmitan de generación en generación. Pero tenga en cuenta que no todos los relojes son una inversión. Por lo tanto, investigue bien todas las especificaciones. Piense en cuántos ejemplares se fabrican, de qué materiales están compuestos, cuál es la imagen de la marca, etc. ¿Aún quieres hacer la inversión? Consulte siempre a un distribuidor oficial o déjese asesorar por un experto.

El S&P500

Hacer que su dinero trabaje para usted, ¿por qué no hacerlo en primer lugar? Pero las oportunidades y formas de inversión conllevan un cierto riesgo. Normalmente, la regla es que cuanto mayor sea el riesgo, mayores serán las ganancias potenciales. ¿La desventaja? Que las pérdidas potenciales son al menos igual de grandes. Por eso muchos inversores, tanto principiantes como avanzados, optan por un fondo de inversión como el S&P500. Descubra en este capítulo qué es el S&P500, cómo funciona y cómo puede empezar usted mismo.

¿Qué es el S&P500?

El S&P 500 es un índice bursátil que sigue a las 500 empresas más grandes y de mayor rendimiento que cotizan en bolsa en Estados Unidos. S&P son las siglas de Standard & Poor, los nombres de las dos empresas financieras fundadoras que calcularon un índice en el que se incluían las acciones de nada menos que 500 empresas estadounidenses. Como tal, es uno de los barómetros bursátiles más conocidos del mundo y se utiliza para ver la salud de la economía estadounidense en ese momento. Si miramos los datos a principios de 2022, vemos que el S&P500 tuvo una rentabilidad media del 13,9% en los últimos 10 años. En otras palabras, la última década fue un periodo de crecimiento económico.

¿Cómo funciona el S&P500?

El conjunto del S&P500 sigue la capitalización bursátil de las empresas incluidas en este índice. Se toma una media ponderada de todas estas empresas del sector, expresada en porcentaje.

ETF

Un ETF es un fondo cotizado, más conocido como seguidor de índices. Se trata de una "cesta de acciones" que sigue el precio de un fondo concreto. En este proceso, usted no invierte realmente en las empresas de forma individual, sino que opta por realizar una inversión global. Hay diferentes tipos de ETF, cada uno con su propio perfil de riesgo.

Sectores S&P500

El S&P500 se compone actualmente de 11 sectores diferentes. En cada uno de estos sectores hay varias empresas estadounidenses que cumplen los requisitos para formar parte del S&P500, de las que hablaremos más adelante en este blog. Por lo tanto, el S&P500 está dividido en 11 sectores diferentes, a saber

- Tecnología de la información
- Atención sanitaria
- Consumo discrecional
- Servicios de comunicación
- Finanzas
- Industriales
- Productos básicos de consumo
- Inmobiliaria
- Materiales

- Energía
- Servicios públicos

Si observamos los datos anno 2022, vemos que el sector más dominante es el de las tecnologías de la información, con una cuota de nada menos que el 27,1%. Le sigue la sanidad. De este modo, la pandemia del COVID también ha tenido un impacto positivo en la facturación global de las empresas sanitarias.

Condiciones del S&P500

Para garantizar que el S&P500 sea representativo de la economía estadounidense, hay numerosos requisitos previos antes de que una empresa pueda entrar. Estos son:

La empresa debe estar ubicada físicamente en Estados Unidos,

- La empresa debe tener una capitalización de mercado de al menos 13.100 millones de dólares,
- Al menos el 50% de las acciones de la empresa deben estar a disposición del público en general,
- Precio de al menos 1 dólar por acción,
- Al menos el 50% de los ingresos deben provenir del comercio impulsado en Estados Unidos,
- La empresa debe tener al menos 4 trimestres consecutivos de beneficios positivos.

En concreto, esto significa también que las empresas incluidas en el S&P500 pueden cambiar. ¿Una empresa concreta tiene malos resultados y ya no cumple los criterios mencionados? Entonces se sustituye por otra empresa cotizada. De este modo, se sigue en todo momento a las 500 empresas con mejores resultados de la economía estadounidense.

Las tres mayores empresas del S&P500 a principios de 2022 eran:

- Apple Inc. (AAPL)
- Microsoft Corp. (MSFT)
- Amazon.com Inc. (AMZN)

Precio S&P500

Los inversores utilizan el S&P500 como guía de la economía mundial. Debido a su amplia diversificación, tanto en empresas como en sectores, puede informar más sobre el estado actual de la economía estadounidense. Hay que tener en cuenta que, efectivamente, sólo se trata de la economía estadounidense. Por lo tanto, también puede ser conveniente seguir los mercados extranjeros con economías emergentes, como la India o China.

El gráfico siguiente se remonta a los primeros años del S&P500 y comienza en el año 1982. En ese momento, el S&P500 cotizaba a 107 dólares. A medida que la economía crecía y diferentes sectores entraban en este fondo de índice, el precio también subía. Por lo tanto, este gráfico es una representación visual no sólo de la economía estadounidense, sino también de la economía mundial. Así, podemos ver inmediatamente que en el período alrededor de 2008 - 2009 tuvimos años económicos difíciles. No sólo cayó el precio de las acciones de varias empresas individuales, sino que todo el S&P500 experimentó un fuerte descenso hasta un precio de las acciones por debajo de 700 dólares.

La pandemia del COVID también impactó directamente en nuestra economía global, también lo estamos viendo reflejado. E incluso ahora, en tiempos de incertidumbre financiera y aumento de la inflación, estamos viendo una desaceleración del crecimiento económico. La Reserva Federal (FED) y el Banco Central Europeo (BCE) están subiendo los tipos de interés, haciendo que el ahorro vuelva a ser atractivo. Estas decisiones en el ámbito macroeconómico también repercuten en el crecimiento económico y, por tanto, en la cotización de este S&P500.

¿Cripto como el 12º sector?
En los primeros años, este rastreador constaba sólo de 3 sectores diferentes. A lo largo de los años, ha habido cada vez más avances que han hecho que la economía se expanda y crezca. Pensemos en la llegada de Internet, la tecnología cada vez más compleja y la mayor expansión de la digitalización. Por lo tanto, no es de extrañar que las empresas de este sector hayan aumentado considerablemente su valor en los últimos años. ¿Sucederá lo mismo con las criptomonedas?

En el mundo de las criptomonedas hay innumerables especulaciones, pero vemos que cada vez más grandes personalidades y empresas están ganando una voz clara cuando se trata de la posición de las criptomonedas en la economía global. Cathie Wood, la fundadora de Ark Invest e icono de Wall Street, dijo anteriormente que el Bitcoin (BTC) podría llegar a tener un valor de un millón de dólares. ¿Sucederá esto efectivamente? El tiempo lo dirá.

Pero nada menos que el empresario canadiense Kevin O'Leary, más conocido como Mr. Wonderful de Shark Tank, también hizo otra declaración notable a principios de 2022. No solo el 20% de su cartera de inversión personal consiste en cripto, sino que cree firmemente que el cripto se convertirá finalmente en el 12º sector más importante del S&P500.

¿Cómo podría ser esto? Un escenario potencial es que habrá un ETF que seguirá los 100 proyectos más importantes por capitalización de mercado, donde se puede invertir en este rastreador. De este modo, no se compran criptomonedas físicamente, sino que se sigue la evolución de los precios que experimentan estos 100 proyectos principales. El futuro dirá si esto ocurrirá o no y, si es así, cuándo.

Invertir en el S&P500
¿Quiere invertir en el S&P500, pero no tiene ni idea de cuáles son los riesgos? Es importante saber que invertir siempre conlleva ciertos riesgos. Por ejemplo, hay

numerosas ventajas, pero ciertamente también desventajas. Incluso con este popular S&P500.

Ventajas

La mayor ventaja de invertir en el S&P500 es que se trata de un índice muy diverso. Dado que el fondo indexado examina el rendimiento de nada menos que 500 empresas, nada menos que las empresas con mejores resultados y que cotizan en bolsa en los Estados Unidos, usted tiene menos riesgo que si invierte en acciones de forma individual. Pero con menos riesgo, también tienes menos ganancias potenciales. Pero si miramos los años pasados, ¡seguimos viendo un buen rendimiento!

Otras ventajas son:

- El S&P500 contiene sólo los mayores valores estadounidenses.
- No tiene en cuenta la economía europea ni el crecimiento económico de Asia.
- El S&P500 es un índice muy conocido y, por lo general, se comporta bien. Sólo en tiempos de recesión e incertidumbre financiera, su rendimiento es menor.
- Se requieren menos conocimientos de los mercados financieros,
- Puede invertir en el S&P500 en todo el mundo.

El S&P500 debe su popularidad al hecho de que los inversores pueden invertir con conocimientos bastante limitados. Cuando se quiere invertir en determinados valores, hay que investigar mucho: pensar en consultar las cifras trimestrales, los planes de futuro, qué asociaciones tienen, qué salud tiene la empresa, etc. Las empresas que están en el S&P500 ya cumplen estas condiciones. De este modo, la barrera de entrada es menor para muchos inversores. Nota: esto no es un consejo financiero y ten en cuenta que invertir siempre conlleva un riesgo.

Desventajas
No todo es sol y rosas, invertir en el S&P500 también tiene una serie de desventajas.

Cuando invierte en un índice bursátil o en un ETF y hace un seguimiento de diferentes empresas, obtiene un beneficio medio de estas empresas. Si decide invertir en acciones de una empresa en particular, que en concreto superan el rendimiento del mercado, sus beneficios también serán significativamente mayores. Pero, por supuesto, esto también conlleva un cierto perfil de riesgo.

Otras desventajas son:

Sólo acciones estadounidenses, sin diversificación global,
Tenga en cuenta los costes del tipo de cambio.
No sólo está especulando con el valor de una acción concreta, o de un ETF, sino que esta inversión también se realiza en una moneda diferente. Al igual que las

acciones, el precio del dólar o del euro también fluctúa. Puede fortalecerse o debilitarse. Especular con estos cambios también lo conocemos mejor como comercio de divisas.

Costes comerciales

Además, tenga siempre en cuenta ciertos costes de negociación. Son un indicador importante para determinar por sí mismo cuándo tiene suficiente beneficio para vender. Por ejemplo: usted quiere hacer una inversión de 1.000 euros en una determinada acción, y para ello tendrá que pagar un coste de negociación del 5%. Esto significa que su inversión deberá tener un incremento de al menos el 5% para volver a alcanzar el punto de equilibrio. Sólo después de este incremento, usted empieza a obtener beneficios. Es importante tener esto en cuenta porque puede influir en tus tácticas de inversión. ¿Piensa mantener estas acciones durante años? Probablemente no sea un problema. ¿Pero quiere intentar obtener un beneficio rápido con esto? Quizás sea menos factible.

Plataformas

Afortunadamente, existen numerosas formas de invertir en el S&P500. A través de varias aplicaciones puedes invertir en tu fondo favorito en pocos segundos. A continuación una lista de las aplicaciones más conocidas en las que puedes invertir.

DeGiro

DeGiro es un broker holandés que opera en más de 18 países de Europa. A través de esta app no sólo inviertes en acciones, sino que también puedes invertir en bonos, opciones e incluso materias primas. No dejes de consultar sus tarifas para ver cuál es la opción más barata para ti.

Lynx

Invierta en numerosos productos en Lynx. Piense en opciones, acciones y ETFs. Lynx cuenta con nada menos que 150 bolsas de todo el mundo en las que puede invertir. Hay varias opciones, pero eligiendo el corredor adecuado puede ahorrar potencialmente mucho dinero.

Se puede invertir de muchas maneras. Puede ser muy activo en los mercados financieros y comprobar los precios cada minuto del día y calcular sus riesgos, o puede elegir una inversión más pasiva, como un índice bursátil o un ETF. Al invertir en un ETF, las opciones también son muchas. Numerosas opciones. Sin embargo, el S&P500 es el más popular porque no sólo es una cesta de diferentes empresas, sino también de diferentes sectores. De este modo, se compensa la posible pérdida de un sector concreto, con el crecimiento del otro sector.

A pesar de que una inversión en el S&P500 requiere menos conocimientos y es una forma de inversión más pasiva, es ciertamente aconsejable hacer siempre su propia investigación. De este modo, sabrá en qué está invirtiendo y cuáles son los posibles escenarios.

¿Qué es un ETF (Exchange Traded Fund)?

¿Está familiarizado con la inversión? Entonces es probable que se haya encontrado con el término "ETF". Es un término con el que se encontrará sobre todo cuando opere con acciones. ETF son las siglas de Exchange Traded Fund (Fondo Cotizado en Bolsa), y en pocas palabras se trata de una cesta de acciones. Lo que mucha gente no sabe es que también hay ETFs especiales para las criptomonedas. Como esto es todavía bastante nuevo, la mayoría de los inversores aún no lo conocen.

En este capítulo, le explicaremos de dónde viene un ETF, y qué ETFs existen para las criptodivisas. Por supuesto, también te contamos cuáles son las ventajas y desventajas de los ETFs en comparación con el comercio de criptodivisas individuales.

¿Qué es un fondo cotizado (ETF)?

Los ETF más conocidos son los de la bolsa. Así que empecemos por ahí también. Hablaremos más sobre los ETF en el mundo de las criptomonedas más adelante en este capítulo. En pocas palabras, los ETFs son fondos que imitan un índice bursátil. Los principales ETFs son :

- DAX - Índice bursátil de Alemania.
- EURO STOXX 50 - Índice bursátil de Europa.
- CAC 40 - Índice bursátil de Francia.
- AEX - Índice bursátil de los Países Bajos.
- S&P 500 - Índice bursátil de Estados Unidos.

- MSCI WORLD - Índice bursátil mundial.

Los ETF son fondos indexados que cotizan de forma continua y se negocian en bolsa de la misma forma que una acción. Independientemente del tipo de gestión utilizado, todos tienen el mismo objetivo: representar el rendimiento de un índice o activo.

Por ejemplo, algunos ETF imitan el rendimiento de un índice bursátil (NASDAQ, S&P 500, AEX, etc.), mientras que otros se centran en un activo concreto (materias primas, tecnología, etc.). En este último caso, tenemos un ETF para el oro. Este ETF imita el valor del oro. Así, si espera que el precio del oro suba sustancialmente en los próximos años, puede invertir en un ETF que represente este valor.

¿Cómo funciona un ETF?

Los ETF son fondos que replican índices o materias primas: como tales, se consideran fondos pasivos. A diferencia de las acciones y bonos que pueden comprarse en la bolsa de forma activa, esta gestión pasiva le permite asegurarse una determinada seguridad. Si invierte en todo el AEX, hay una probabilidad estadísticamente menor de que todo el índice caiga repentinamente que si invierte en las acciones de una sola empresa.

Para muchas personas, tiene mucho sentido empezar con un ETF, porque crea una mayor diversificación, lo que garantiza la reducción de las posibilidades de pérdida. Es menos probable que los inversores experimentados opten por invertir en un ETF porque tienen suficiente experiencia en la búsqueda de valores.

El valor de lo que representa un ETF puede medirse de las siguientes maneras:

Física (o directa): es la técnica más habitual, en la que todas las empresas que componen el índice están presentes en el ETF. Así, el valor de la empresa se toma directamente del valor de la acción individual.
Físico parcial: el ETF selecciona una muestra representativa de las diferentes empresas que componen el índice, especialmente cuando hay un gran número de ellas.
Indirecto (o sintético): se trata de un ETF que busca valores no incluidos en el índice y sigue su evolución. Por ejemplo, considere las materias primas. Se observa la evolución de una materia prima y el valor del ETF se basa en ella.

ETFs para el mercado de criptomonedas.
Los mercados de acciones y de criptomonedas son dos mundos diferentes que no se pueden comparar. Después de todo, las acciones se basan en el rendimiento de una empresa, y cuando se posee una acción, también se posee una parte real de esa empresa. Las criptomonedas son básicamente piezas de código que puedes poseer. Sin embargo, cuando las posee, no es dueño de una parte del proyecto que hay detrás de la moneda.

Los ETFs han acercado mucho estos dos mundos. Es posible comprar un ETF de Bitcoin, que está totalmente regulado para el mercado europeo y se puede encontrar en la bolsa de Gibraltar. Este ETF se llama The Bitcoin Fund, con el ticket QBTC.U, y el número ISIN CA09175G1046. Hasta ahora, este es el único ETF de Bitcoin a la venta en una bolsa europea. Lamentablemente, todavía no es posible comprar ETFs de criptomonedas en Estados Unidos. Esto se debe a que la SEC ha indicado que no será posible añadir ETFs de criptomonedas al mercado de valores.

Sin embargo, esto, por supuesto, no dice nada sobre el futuro. Porque cuando el Bitcoin y las altcoins se vuelvan más comunes, y por lo tanto crezcan en popularidad, todavía existe la posibilidad de que los ETFs estén disponibles en el mercado de valores de Estados Unidos. Por lo tanto, hasta que eso ocurra, todavía tendrá que comprar el ETF de Bitcoin en el mercado de valores europeo.

La mayor ventaja de invertir en el ETF de Bitcoin en lugar de hacerlo directamente es que no hay que registrarse en una criptobolsa. Además, el mercado está bajo estricta supervisión, por lo que los inversores pueden sentirse más seguros al comprar un ETF de Bitcoin.

¿Por qué un ETF de Bitcoin?
¿Por qué es realmente necesario tener un ETF de Bitcoin? Después de todo, usted puede simplemente

comprar Bitcoin en una bolsa de criptomonedas y luego poseer realmente Bitcoin. ¿Tiene un ETF? Entonces no es dueño de Bitcoin.

El ETF de Bitcoin es especialmente útil para atraer a los inversores que no quieren entrar en el mercado de criptomonedas. Si son activos en el mercado de valores, pueden seguir ganando dinero a través de un aumento del valor de Bitcoin. El ETF está totalmente regulado por las autoridades, por lo que también se pagan impuestos por los beneficios que se obtienen con el Bitcoin ETF.

Así que a través de este ETF, es increíblemente fácil para muchos inversores ganar dinero con el Bitcoin, sin tener que registrarse en un criptointercambio. Como además está regulado y supervisado, muchos inversores también se sienten mucho más seguros. De hecho, entre algunas personas, todavía hay miedo en torno al mercado de criptomonedas, ya que los gobiernos y los bancos advierten de los grandes riesgos que tendría el comercio de criptomonedas.

¿Cómo puedo comprar el ETF de Bitcoin?
Si quieres comprar el ETF de Bitcoin, puedes hacerlo en DeGiro. Se trata de un broker de acciones, bonos y ETFs (similar a una bolsa de criptomonedas). DeGiro vende el ETF de Bitcoin disponible en la bolsa de Gibraltar.
¿Habrá también ETF para otras criptomonedas?

Los ETFs son una solución ideal para evitar comprar criptomonedas y tokens directamente. Pero, ¿es ya posible comprar ETFs para otras criptomonedas (altcoins)? Por el momento, sólo hay ETFs para el Bitcoin. Todavía no está claro si habrá ETFs para otras criptomonedas.

Esto se debe a que no es fácil hacer que un ETF esté disponible en el mercado de valores. Esto se debe a que el mercado de valores está bajo la estricta supervisión de los reguladores. Tendrán que aprobar el ETF antes de que esté disponible para el público en general.

Sin embargo, hay varias empresas que han mostrado su interés en crear ETFs para las altcoins. Por lo tanto, es muy probable que en el futuro también sea posible comprar ETFs de otras criptomonedas.

¿Le gustaría ganar dinero con la subida del valor de Bitcoin, pero no le apetece comprar Bitcoin en una bolsa de criptomonedas? Entonces puede optar por comprar un ETF de Bitcoin. Un ETF es una cesta que puede representar el valor de un grupo de empresas o materias primas. Por ejemplo, un ETF puede representar el valor total del AEX o del oro.

Actualmente, también es posible comprar un ETF de Bitcoin. Se trata de un ETF que representa el valor de Bitcoin y que puede comprarse en la bolsa de Gibraltar. Para ello, necesita una cuenta en un corredor como

DeGiro. Luego, una vez aprobada su cuenta, puede comprar y vender el ETF.

El bitcoin es actualmente la única criptomoneda con su propio ETF. Todavía no hay altcoins con un ETF, aunque hay planes para uno. Como es difícil añadir un ETF al mercado de valores, puede pasar mucho tiempo antes de que haya más criptomonedas disponibles como ETF. Esto se debe a la estricta supervisión del mercado de valores. En Estados Unidos, por ejemplo, todavía no es posible comprar el ETF de Bitcoin en el mercado de valores nacional. Esto se debe a que la SEC aún no lo ha permitido.

Las 10 opciones de inversión más importantes

Cuando uno empieza a invertir dinero, por supuesto que quiere ganar dinero. El objetivo de la inversión es obtener un resultado positivo con el dinero que se invierte. Hay diferentes productos en los que puede invertir. Cada producto tiene sus propias ventajas y desventajas.

A menudo, vemos una similitud entre los diferentes productos de inversión. Cuanto mayor es el riesgo, mayor es la rentabilidad que se obtiene. ¿El riesgo es pequeño? Entonces el beneficio también suele ser menor.

En este capítulo te hablaré de los diferentes productos de inversión en los que puedes invertir y te explicaré las principales características de estos productos.

1. Acciones
Las acciones son pruebas de la propiedad de una empresa. Si usted compra una acción, es copropietario de la empresa. Sin embargo, esto no significa que tenga siempre voz y voto en las decisiones que hay que tomar. Para ello debe poseer un gran número de acciones (y entonces es un "accionista mayoritario").

El valor de una acción puede subir y bajar, dependiendo de los resultados de la empresa y del mercado. Cuando una empresa va bien y hay más demanda de acciones, el valor de éstas puede subir. Por lo tanto, puede ganar dinero comerciando con acciones. Por supuesto, también puede perder dinero, cuando el valor de las acciones cae por debajo del precio de compra.

En algunos casos, se puede obtener una rentabilidad de las acciones. Se trata de los dividendos. Se trata de un reparto de beneficios a los accionistas. Cuantas más acciones tengas, más te pagarán.

Características de la inversión en acciones
Las acciones se utilizan sobre todo como inversión a largo plazo;
A menudo, los inversores corren un riesgo menor debido a la estricta regulación;
El precio de las acciones fluctúa menos que el de la criptomoneda, por lo que normalmente se puede obtener una rentabilidad menor;
Es ideal en épocas de crecimiento económico y bajos tipos de interés, ya que las empresas invierten mucho y, por tanto, pueden obtener mejores resultados.
¿Quiere invertir en acciones? Entonces puede utilizar un corredor de bolsa, como eTorro.

2. Bonos
A menudo encontrará bonos del Estado. Estos bonos son títulos de deuda de un país/gobierno. Un país puede emitir bonos para pedir dinero prestado a otras partes. También hay bonos emitidos por empresas.

El valor de un bono puede bajar o subir, lo que puede hacer atractivo el comercio de bonos. Pero también se puede obtener un rendimiento de los bonos. Como con cualquier préstamo, el emisor del bono paga intereses al prestamista (el que presta el dinero). Por lo tanto, cuando los tipos de interés son altos, se puede ganar más dinero con los bonos. Cuando los tipos de interés son bajos, el rendimiento de los bonos es mucho menor.

Características de la inversión en bonos
Los bonos suelen tener un plazo de 10 años o más.
El gobierno o la empresa paga los intereses de la deuda.
La inversión en bonos es especialmente atractiva en tiempos de tipos de interés altos.
Una inversión relativamente segura, dependiendo del emisor.

3. Fondos de inversión
Un fondo de inversión es una cesta de acciones o bonos. El gestor del fondo determina qué acciones/bonos se añaden a esta cesta (y se venden de nuevo). Se trata de alguien que tiene muchos conocimientos y experiencia en materia de inversión. Por lo tanto, puede ser interesante invertir en un fondo cuando no se tienen conocimientos, experiencia y/o tiempo para invertir el dinero uno mismo.

Antes de utilizar un fondo de inversión, puede ser conveniente investigar un poco sobre los diferentes fondos. Fíjese, por ejemplo, en los resultados obtenidos anteriormente por el gestor del fondo, pero también en las experiencias que otros tienen con él.

Características de la inversión en fondos de inversión
Un fondo de inversión puede ser ideal cuando no se tiene tiempo ni conocimientos de inversión.
Corre un menor riesgo de perder dinero porque un experto está invirtiendo su dinero.
Es más fácil repartir el dinero entre varias empresas.

4. ETFs
Los fondos cotizados, o ETF, son seguidores que siguen el precio de otros productos. Por ejemplo, un ETF puede seguir el precio del oro. Al comprar un ETF de este tipo, se especula con el precio del oro, sin tener que comprar oro físico. Un ETF también puede seguir una cesta de acciones. Por ejemplo, tenemos el S&P 500, que contiene las 500 mayores empresas de Estados Unidos. O el AEX, que representa a las mayores empresas holandesas.

Características de la inversión en ETFs
Ideal para invertir en productos difíciles de comprar, como las materias primas o un índice.
Se necesitan pocos conocimientos para invertir en un ETF indexado.
Fácil de repartir entre varias empresas.
El ETF de una materia prima es atractivo durante la alta inflación.
La cesta de empresas del ETF es atractiva durante los tipos de interés bajos porque hay un crecimiento económico relativamente mayor.

Ideal para la estrategia a largo plazo.
¿Quiere invertir en ETFs? Entonces puede utilizar un broker de renta variable, como DeGiro. Aquí también puedes comprar ETFs.

5. Derivados (opciones, futuros, turbos)

Las opciones, los futuros y los turbos son tres derivados que normalmente se pueden comprar en el mercado de valores. Las opciones son contratos que le dan derecho a comprar o vender una acción a un precio fijo. Una bajada o subida del precio puede hacer que las opciones adquieran más valor.

Los futuros son un contrato con el que se especula sobre el cambio de valor de un producto. Puedes ir en largo (precio al alza) y en corto (precio a la baja). Los turbos son palancas. Puedes aumentar tu apuesta sin necesidad de tener el capital. De este modo, puedes ganar mucho dinero, pero también perderlo.

Características de la inversión en derivados

Los derivados son productos de inversión de riesgo. Para invertir con éxito en derivados se necesitan muchos conocimientos y experiencia.
Los beneficios que se obtienen de los derivados son increíblemente grandes, al igual que las pérdidas.
¿Quiere invertir en derivados? Entonces puede utilizar un corredor de bolsa, como DeGiro. Aquí también puedes comprar opciones, futuros y turbos.

6. Criptomoneda

Las criptodivisas son monedas digitales que funcionan en la cadena de bloques. Bitcoin (BTC) es la primera y mayor criptodivisa del mundo, seguida de Ethereum (ETH). Muchos inversores optan por invertir su dinero en criptomonedas porque se pueden obtener grandes rendimientos. Esto se debe a que el valor de la criptodivisa es muy volátil, en parte porque el mercado prácticamente no está regulado.

Es importante entender cómo funcionan el cripto y la cadena de bloques, antes de invertir en cripto. Se pueden obtener muchos beneficios, aunque también se puede perder mucho dinero. Tomar un curso de cripto puede ayudar a uno a adquirir conocimientos con el fin de convertirse en un mejor operador de cripto o aprender a ganar un ingreso pasivo de cripto.

Características de la inversión en criptomonedas
Los inversores se enfrentan a un mayor riesgo debido a los bajos niveles de regulación y a la alta volatilidad. Como inversor, puede obtener grandes beneficios. Sin conocimiento, la posibilidad de perder dinero es muy alta.

Elección de muchos proyectos criptográficos diferentes.
¿Quiere invertir en criptodivisas? Entonces puede utilizar una bolsa de criptomonedas, como Bitvavo o Binance. Aquí puedes comprar un gran número de criptodivisas.

7. Productos básicos

Invertir en materias primas puede ser lucrativo. Al fin y al cabo, siempre necesitaremos materias primas para fabricar productos y servicios. Muchos inversores invierten sus activos en épocas de alta inflación, porque los precios de las materias primas también suben durante este periodo.

Las posibilidades son infinitas. Por ejemplo, puedes invertir en madera, arena, vino, metales preciosos (como el oro y la plata), hierro, plomo, gas, petróleo, gasolina, etc.

Si quiere invertir en materias primas, puede comprarlas físicamente. Sin embargo, es más fácil invertir en un ETF de la materia prima. En ese caso, no eres realmente el propietario de la materia prima, y sólo especulas con el precio.

Características de la inversión en materias primas

Las materias primas están vinculadas a la inflación porque son la base de los productos y servicios.
La inflación hace que los productos básicos aumenten de precio.
No es necesario que compre una materia prima físicamente, también puede limitarse a comprar el ETF.

¿Quiere invertir en materias primas? Entonces puede utilizar un corredor como Lynx. Aquí puede comprar materias primas, entre otras cosas. Si quieres invertir en metales preciosos, puedes utilizar GoldRepublic.

8. Forex

El comercio de divisas consiste en operar con monedas fiduciarias. Los precios de las monedas fiduciarias son volátiles, por lo que muchos inversores deciden invertir su dinero en este mercado de inversión. Muchas veces los inversores obtienen sus beneficios con márgenes pequeños, por lo que suelen utilizar palancas.

Invertir en el mercado de divisas puede ser lucrativo, aunque también se puede perder mucho dinero. Es decir, es difícil especular con el precio de una moneda fiduciaria. Depende en gran medida de las decisiones geopolíticas. Cuando un país decide detener la exportación o la importación de un determinado producto, esto podría influir en el valor de la moneda. Por ello, la mayoría de los inversores tienen muchos conocimientos y experiencia.

Características de la inversión en divisas

Es difícil y lleva mucho tiempo aprender a operar en el mercado de divisas.
La mayoría de las veces se obtiene un rendimiento de los pequeños cambios de precios.

La mayoría de los inversores en divisas utilizan palancas.

Esto puede ser atractivo porque los precios se mueven mucho.
Tanto en las épocas de crecimiento económico como en las de declive se puede ganar mucho dinero.

El valor de una moneda depende de los acontecimientos geopolíticos.

¿Quiere invertir en el mercado de divisas? Entonces puede utilizar un corredor como Lynx. Aquí puedes comprar vlautas fiat, entre otras cosas.

9. Bienes inmuebles

Los bienes inmuebles son considerados por muchos inversores como una de las mejores oportunidades de inversión posibles. No sólo puede aumentar el valor de los bienes inmuebles, sino que también se puede obtener una rentabilidad al alquilarlos. Alquilando un condominio se pueden ganar fácilmente 1.200 euros al mes. A pesar de que una propiedad de inversión parece atractiva, es difícil comprar un inmueble. Es necesario disponer de un gran capital.

En tiempos de inflación, una inversión inmobiliaria puede ser inteligente. Los precios de los inmuebles suben con la inflación, al igual que los ingresos derivados de su alquiler.

Características de la inversión inmobiliaria

Invertir en bienes inmuebles es menos arriesgado. Puedes obtener ingresos pasivos con los alquileres. El valor de los bienes inmuebles ha aumentado considerablemente en los últimos 50 años.

Ideal en tiempos de alta inflación, ya que los ingresos por alquiler y el valor aumentan con ella.

Requiere mucho dinero, por lo que no es adecuado para
todos.

10. Fondo de inversión inmobiliaria (REIT).

Un REIT, abreviatura de Real Estate Investment Trust, es
un producto de inversión que sigue el valor de una
organización inmobiliaria. Esta organización tiene una
gran cantidad de bienes inmuebles en gestión que
alquilan. Cuando el valor de los bienes inmuebles
aumenta, el valor del REIT también puede aumentar.
Esto se debe a que cuando ganan mucho dinero, las
posibilidades de obtener una mejor renta de
explotación son mayores.

Si quiere invertir en bienes inmuebles, pero no tiene
suficiente dinero para comprarlos, puede invertir en un
REIT. Estos tipos de REIT suelen venderse en forma de
ETF.

Características de la inversión en REITs

Puede aprovechar la subida de los precios de los
inmuebles sin necesidad de tener muchos activos.
Usted no obtiene ingresos pasivos y depende del gestor
del REIT.
Son populares en épocas de inflación porque los precios
de los inmuebles y los ingresos por alquileres aumentan
durante estos períodos.

¿Quiere invertir en un REIT?

Entonces puede utilizar un corredor de bolsa, como DeGiro. Aquí también puedes comprar REITs.

Ha leído cuáles son los principales productos de inversión. Invirtiendo dinero, puedes ganar más dinero sin tener que trabajar físicamente para ello. Por supuesto, una inversión también puede salir mal. Muchos inversores pierden dinero porque no tienen suficientes conocimientos. Por lo tanto, es importante investigar adecuadamente antes de invertir su dinero en uno de estos productos.

¿Subida de los tipos de interés?

La economía cambia constantemente. Los periodos de crecimiento económico se alternan con periodos de estancamiento o contracción económica. Esto siempre ha sido así, y siempre será así. Hay varios factores que determinan si nos encontramos en un periodo de crecimiento o de contracción económica. Por ejemplo, la inflación desempeña un papel importante. Una gran caída del poder adquisitivo puede dar lugar a una recesión. Pero los tipos de interés también desempeñan un papel importante en nuestra economía.

Entre 2018 y 2021, experimentamos tipos de interés bajos. Era bastante barato pedir dinero prestado durante estos períodos. Los bancos vieron cómo se reducían los márgenes y se evaporaban los beneficios. Los mercados de inversión estaban en auge, y mucha gente optó por invertir su dinero en acciones o criptografía, por ejemplo.

A partir de 2022, asistimos a una subida de los tipos de interés. Entonces se vuelve más caro pedir dinero prestado, y menos gente opta por invertir su dinero en acciones o criptomonedas. En cambio, se vuelve más atractivo invertir el dinero en bonos o dejarlo en una cuenta de ahorros.

En este capítulo le explicamos qué son los tipos de interés y por qué están subiendo. También analizamos las consecuencias de la subida de los tipos de interés y le decimos si debe preocuparse por la subida de los tipos de interés.

¿Qué es el interés?

El interés es la comisión que una parte recibe por prestar dinero. El interés es una cifra porcentual calculada sobre el principal (la cantidad prestada). ¿Pides un préstamo de 100.000 euros a un tipo de interés del 2%? Eso significaría que estás pagando 200 euros de intereses cada mes por el préstamo que has pedido. Además de los intereses, tendrás que devolver la deuda. Por lo tanto, es importante tener en cuenta dos importes diferentes cuando se pide un préstamo. Es un hecho muy conocido en la televisión y la radio, pero es realmente cierto: pedir un préstamo cuesta dinero.

Podemos pensar en muchas funciones para el interés. Por ejemplo, el interés garantiza que las partes estén dispuestas a prestar su dinero, lo que es importante para el crecimiento económico. El dinero prestado puede utilizarse para poner en marcha una empresa, construir un negocio o comprar una casa. Esto significa que el dinero sigue entrando y que las empresas pueden beneficiarse del gasto que hacen los ciudadanos y otras empresas.

Los intereses disuaden a la gente de pagar su deuda con retraso. Cuanto más tiempo tenga una deuda pendiente, más tiempo tendrá que pagar intereses por ella. En muchos casos, se pagan intereses todos los meses por el negocio que se ha prestado. También es posible pagar los intereses trimestral o anualmente, en función de los acuerdos alcanzados por las partes implicadas.

La inflación hace que el dinero valga cada vez menos. El interés compensa la disminución del valor del dinero creada por la inflación. Es una herramienta que los bancos centrales pueden utilizar para hacer que la gente aumente el valor de su dinero. Para ello, deben mantener su dinero en una cuenta de ahorros o invertir en bonos. Los bonos son préstamos a los gobiernos. Estos pagan intereses a los titulares de estos bonos.

Sin el interés, los bancos centrales no podrían influir en la economía. Por lo tanto, el interés es increíblemente importante para la salud de nuestra economía. Los bancos centrales también deben ser capaces de estimular el crecimiento económico.

Tipo de interés del crédito (interés del ahorro)
Cuando tiene dinero en una cuenta de ahorro, recibe intereses de crédito. A esto le llamamos también interés de ahorro. El dinero de una cuenta de ahorro es prestado por los bancos a quienes necesitan dinero. De este modo, los bancos pueden ganar dinero sobre el dinero de los clientes, que por supuesto también se benefician de ello.

Intereses deudores
Hablamos de intereses deudores cuando tenemos que pagar los intereses de un préstamo que hemos

contratado. La forma más conocida en la que se cobran intereses deudores es la hipoteca. En este caso, los consumidores piden dinero prestado para la compra de una vivienda, con la propiedad como garantía.

¿Y los tipos de interés negativos?

En 2021, muchas personas tuvieron que enfrentarse a tipos de interés negativos. Esto hizo que algunas personas tuvieran que pagar por el dinero que guardaban en una cuenta de ahorro. Los bajos tipos de interés hacen que los márgenes de los bancos sean muy pequeños. Prácticamente no pueden ganar nada por el dinero que prestan. Este bajo tipo de interés de los débitos se traslada al tipo de interés de los créditos, lo que da lugar a un tipo de interés negativo.

En Europa, algunos bancos exigían a la gente tipos de interés negativos cuando tenían más de 50.000 euros en una cuenta de ahorro. Cuando los tipos de interés suban, los economistas esperan que los tipos de interés negativos también desaparezcan. Esto se debe a que el margen de ganancias por prestar dinero será entonces mayor.

¿Por qué suben los tipos de interés?

Los tipos de interés suelen subir de la mano de los bancos centrales. Quieren influir en la economía ajustando los tipos de interés. Los tipos de interés suelen subir cuando hay una alta inflación. Como se ha mencionado anteriormente, los tipos de interés pueden utilizarse como herramienta contra la inflación. La inflación hace que el poder adquisitivo de los consumidores disminuya. Los tipos de interés elevados permiten a la gente ganar dinero con sus ahorros.

Cuando los tipos de interés son altos, resulta más atractivo poner el dinero en una cuenta de ahorro. Por el contrario, los tipos de interés bajos hacen atractivo gastarlo o invertirlo en productos de inversión, como acciones, ETF y criptodivisas.

La inflación, en muchos casos, tiene lugar tras un aumento del crecimiento económico. Los bancos gastan más dinero para dar un impulso a la economía. Los bajos tipos de interés hacen que sea atractivo pedir dinero prestado e invertir en una empresa o en una vivienda. Imprimir dinero y poder pedirlo prestado con facilidad son factores que contribuyen a la inflación.

¿Cuáles son los efectos del aumento de los tipos de interés?
El aumento de los tipos de interés hace que sea más caro y, por tanto, más difícil pedir dinero prestado. Al fin y al cabo, hay que pagar comisiones más altas. Al mismo tiempo, resulta atractivo mantener el dinero en una cuenta de ahorro, porque aquí se pueden obtener más rendimientos.

Pedir dinero prestado es más caro
Los tipos de interés elevados hacen que no sea atractivo contratar una hipoteca. Esto puede entenderse mejor

con el siguiente ejemplo, en el que comparamos tipos de interés bajos y altos.

Un principiante quiere comprar una casa a un precio de 250.000 euros. Quiere solicitar un préstamo de 250.000 euros al banco. Pagará este préstamo mensualmente durante los próximos 30 años (360 meses). Esto supondría una cuota de 694,44 euros al mes. En el momento de pedir el préstamo, el tipo de interés es del 1%, que es muy bajo. Así, el interés anual (1% de 250.000) es de 2.500 euros, lo que le hace pagar 208,33 euros de intereses cada mes. Esto significa que el principiante tiene que pagar 902,77 euros al banco cada mes.

Años más tarde, otro principiante también quiere comprar una casa de 250.000 euros. El principiante solicita un préstamo de 250.000 euros. Sin embargo, el tipo de interés está actualmente en el 6%, que es muy alto. Este principiante tendrá que pagar anualmente (el 6% de 250.000) 15.000 euros de intereses, lo que supone 1.250 euros al mes. Este principiante tendrá que pagar al banco 1944,44 euros al mes.

Estos dos ejemplos dejan clara la consecuencia de los altos tipos de interés. Es muy caro pedir dinero prestado cuando los tipos de interés son altos. Por eso vemos que el mercado inmobiliario se enfría en cuanto suben los tipos de interés.

Ganar más dinero con los ahorros

Los tipos de interés altos no siempre tienen que costarle más dinero. También puede ganar más dinero cuando los tipos de interés son altos. Esto se debe a que los bancos pagan más intereses por los ahorros. Por tanto, puede resultar muy atractivo ahorrar dinero en un banco. Esto tiene un efecto en la economía, que se puede entender mejor con un ejemplo.

En épocas de bajos intereses, no recibes casi nada por el dinero que depositas en un banco. Si el tipo de interés es del 1% y tienes 50.000 euros en una cuenta de ahorro, recibirás 500 euros de rendimiento anual. Eso es muy poco. Por lo tanto, es más atractivo invertir el dinero en productos que proporcionen una mayor rentabilidad. En épocas como esta vemos el crecimiento económico, en parte porque mucha gente invierte su dinero en acciones, inmuebles, criptodivisas u otros productos de inversión.

Si el tipo de interés sube al 6%, ganarías 3.000 euros anuales sobre 50.000 euros en una cuenta bancaria. Eso es bastante más alto que los 500 euros del ejemplo anterior. Para las personas con grandes activos resulta más atractivo y seguro dejar el dinero en una cuenta de ahorro que invertirlo en productos de inversión de riesgo. Esto puede hacer que el valor de varios mercados se reduzca, y dar lugar a un mercado bajista de criptomonedas.

Más dinero para los fondos de pensiones

El aumento de los tipos de interés es bueno para los fondos de pensiones. A la hora de calcular las reservas de pensiones, el nivel de intereses es muy importante. Al calcular la reserva de pensiones, los fondos de pensiones obtienen información sobre la cantidad de dinero que necesitan para poder proporcionar a todos una pensión en el futuro.

Los bajos tipos de interés hacen que el dinero del fondo de pensiones crezca menos rápidamente que en los periodos en los que los tipos de interés son altos. Por lo tanto, la población tiene que pagar mayores contribuciones a las pensiones cuando los tipos de interés son bajos. Otra posibilidad es que los fondos de pensiones paguen menos dinero a los jubilados. De hecho, en los años anteriores a 2022, parecía que esto iba a ocurrir. Sin embargo, en 2022 los tipos de interés subieron, por lo que esto no sería necesario.

Los altos tipos de interés aumentan el dinero del fondo de pensiones. Entonces tenemos que pagar menos en cotizaciones de pensiones, y los pensionistas ya no tienen que preocuparse por sí mismos.

Los mercados de inversión se revalorizan
En muchos casos, los elevados tipos de interés no son buenos contra los mercados de inversión, de acciones y criptomonedas, por ejemplo. A los inversores les resulta más atractivo mantener su dinero en una cuenta bancaria o invertir en bonos. Esto se debe a que un tipo

de interés más alto también garantiza que se pueda
ganar más dinero con las inversiones en bonos.

Además, un tipo de interés más alto significa que los
beneficios calculados que pueden obtener las empresas
en el futuro son más bajos, lo que significa un menor
valor de la empresa. Por ello, los inversores prefieren no
invertir su dinero en acciones.

¿Debo preocuparme por los altos tipos de interés?
Es normal que los tipos de interés bajen y suban. Por lo
tanto, muchas personas no tienen que preocuparse por
la subida de los tipos de interés. Sin embargo, los tipos
de interés altos pueden ser negativos en algunas
situaciones. Especialmente para las personas que
quieren pedir dinero prestado, por ejemplo para
comprar una casa, los tipos de interés altos pueden ser
molestos. Los tipos de interés altos también pueden ser
desagradables para los inversores, porque el
crecimiento económico se estanca o incluso disminuye
en épocas de tipos de interés altos.

Los tipos de interés elevados también pueden dar
buenos resultados. En ese caso, es más fácil obtener un
rendimiento de los ahorros que se depositan en un
banco. También se puede ganar más dinero con los
préstamos.

El interés es el coste que se paga por prestar dinero,
pero también la recompensa que se recibe por
depositar dinero en un banco. Los tipos de interés

fluctúan continuamente. Un tipo de interés bajo hace que sea fácil y barato pedir dinero prestado, mientras que un tipo de interés alto hace que pedir dinero prestado sea muy caro.

Una subida de los tipos de interés tiene muchos efectos en la economía. Hace que muchos inversores trasladen su dinero a los bonos y a las cuentas de ahorro, mientras que los compradores de viviendas gastan mucho dinero en contratar una hipoteca.

¿Invertir durante la inflación?

La economía está en constante cambio. Los años de crecimiento económico se alternan con años de incertidumbre económica, seguidos de años de crecimiento económico. La inflación es un componente importante dentro del crecimiento y la contracción económica. Cuando la inflación aumenta, el poder adquisitivo disminuye y cada vez podemos comprar menos con el mismo dinero.

Por supuesto, usted no quiere que el dinero que tanto le ha costado ganar valga cada vez menos. Sin embargo, eso es lo que desgraciadamente le ocurre a mucha gente cuando deja que su dinero en una cuenta bancaria aumente. Por ello, muchas personas optan por invertir su dinero. El valor de los productos de inversión puede aumentar. Cuando este aumento es mayor que el de la inflación, el patrimonio puede protegerse con éxito contra la disminución del poder adquisitivo.

Invertir en tiempos de inflación e incertidumbre económica es menos fácil que en tiempos de crecimiento económico. Por eso, en este capítulo vamos a explicar cómo puedes proteger tu patrimonio contra la inflación, utilizando productos de inversión.

Lo que hay que saber sobre la inflación
El valor de una moneda fiduciaria, como el euro o el dólar estadounidense, puede fluctuar al igual que las criptomonedas. Por ejemplo, el valor del euro puede

caer o subir frente al dólar estadounidense. La fluctuación de una moneda fiduciaria es normal, pero puede tener muchas más consecuencias que la fluctuación de un producto de inversión.

Hablamos de inflación cuando una moneda vale cada vez menos y podemos comprar menos con la misma cantidad de dinero. Los precios de los productos y servicios suben, mientras que el valor de la moneda fiduciaria se queda atrás. Así que hoy se puede comprar menos con el mismo euro que ayer: el poder adquisitivo disminuye.

La inflación es de todos los tiempos. La inflación tiene lugar todos los años. En el caso más ideal, la inflación se sitúa en torno al 2-3% anual, porque eso es señal de una economía sana. Sin embargo, la tasa de inflación también puede ser mucho mayor, como ocurrió en 2022. A continuación puede ver un resumen de las tasas de inflación en los Países Bajos entre agosto de 2021 y mayo de 2022. Como puede ver, la tasa de inflación está aumentando considerablemente.

¿En qué hay que invertir durante la inflación?
¿Dejas tu dinero en una cuenta bancaria? Entonces valdrá cada vez menos debido a la inflación. Por ello, muchas personas optan por invertir su dinero. De este modo se garantiza que el valor de los activos aumente, evitando que el poder adquisitivo siga cayendo.

Sin embargo, invertir en tiempos de alta inflación es más difícil de lo que parece. Cuando la inflación sube más rápido de lo normal, mucha gente opta por sacar su dinero de las inversiones. Prefieren tener dinero en efectivo, por si acaso lo necesitan. Esto da lugar a la caída de los mercados financieros, y a veces a una crisis.

1. Productos básicos y acciones de los productores de productos básicos

El precio de los productos básicos está inextricablemente ligado a la inflación. Al fin y al cabo, la inflación se produce cuando suben los precios de los productos y servicios. Las materias primas están en la base de todos los productos, y a menudo de los servicios, que se pueden comprar. Además, tiene muchas opciones, porque es posible invertir en un gran número de materias primas. Piense en el vino, el roble, la electricidad, el grano, el aceite de girasol, el gas natural, el hierro, los metales preciosos, la carne, las manzanas, etc.

Afortunadamente, no tiene que comprar físicamente estas materias primas si quiere invertir en ellas. Es posible invertir en materias primas a través de fondos cotizados en bolsa (ETF). Esto se hace en la plataforma de un agente de bolsa, como DeGiro.

Por desgracia, invertir en materias primas no es tan fácil como parece. El precio de una materia prima, que depende de la oferta y la demanda, puede ser extremadamente volátil. Los conflictos geopolíticos, por ejemplo, pueden provocar un cambio en la oferta y la demanda. Pensemos, por ejemplo, en las sanciones que se imponen unos países a otros.

2. Ingresos procedentes de la propiedad inmobiliaria

Naturalmente, los bienes inmuebles se consideran uno de los productos de inversión más fuertes. En las últimas décadas, el valor de los inmuebles ha aumentado. Al mismo tiempo, los inmuebles pueden alquilarse, lo que permite obtener unos ingresos mensuales pasivos de los mismos.

El sector inmobiliario va bien con la inflación. El aumento de la inflación hace que suban los precios de los inmuebles y, por tanto, los precios de los alquileres. Como arrendador, puede obtener mayores ingresos cuando la inflación aumenta. Esto hace que una inversión inmobiliaria sea una de las mejores herramientas contra el aumento de la inflación.

En 2022, el precio medio de la vivienda en los Países Bajos ascendió a unos 400.000 euros, lo que demuestra que la inversión en bienes inmuebles no es para todo el mundo. Por lo tanto, es necesario tener un gran patrimonio si se quiere obtener ingresos con los bienes inmuebles.

3. Fondo de inversión inmobiliaria (REIT)

Afortunadamente, también es posible invertir en el sector inmobiliario a través de los REIT, que puede comprar en forma de ETF. El VanEck Vectors Mortgage

REIT Income ETF (MORT) es un ejemplo de este tipo de ETF, que le permite proteger sus activos contra el aumento de la inflación a través del sector inmobiliario. Este tipo de ETF también puede adquirirse en la plataforma de un corredor de bolsa.

REIT son las siglas de Real Estate Investment Trust (Fondo de Inversión Inmobiliaria) y es el nombre de las empresas u organizaciones que ganan dinero con las inversiones inmobiliarias. Este tipo de empresas son propietarias de grandes cantidades de bienes inmuebles, de los que obtienen ingresos mediante el alquiler. Como ha leído, los precios de la vivienda y los ingresos por alquiler suelen aumentar con la inflación. Esto significa que los ingresos de un REIT pueden aumentar en tiempos de alta inflación.

Al invertir en un ETF de REIT, puede disfrutar de las ventajas de la inversión inmobiliaria. Sin embargo, los REIT también tienen una serie de desventajas. Por ejemplo, el valor de un REIT es muy sensible y está ligado a los tipos de interés. El aumento de la inflación suele ir seguido de un aumento de los tipos de interés. Los tipos de interés más altos hacen que las empresas prefieran dejar su dinero en una cuenta bancaria, en lugar de invertirlo en otros productos de inversión. Además, un REIT debe pagar elevados impuestos sobre la propiedad, lo que puede deprimir los beneficios de un REIT.

4. Metales preciosos (oro, plata y platino)

Los metales preciosos, como el oro o la plata, son muy populares durante las turbulencias económicas. El oro, en particular, se considera una cobertura contra la inflación, lo cual no es sorprendente. El oro se ha utilizado como medio de pago durante siglos. La oferta de oro en el mundo es limitada. Una vez que se haya extraído todo el oro, la oferta no crecerá más. Lo mismo ocurre con la plata y el platino, cuya oferta es mayor, por cierto.

Sin embargo, invertir en oro también tiene desventajas cuando se trata de tasas de inflación elevadas. Esto se debe a que los bancos centrales tienden a subir los tipos de interés en cuanto la inflación aumenta. Por supuesto, es más atractivo invertir el dinero en un producto que proporcione una rentabilidad, lo que es posible una vez que los tipos de interés suben. Conservar el oro es seguro, pero en ese caso es menos rentable.

Invertir en metales preciosos no tiene por qué ser difícil. Puede crear una cuenta en GoldRepublic de forma rápida y sencilla. Aquí puede invertir en línea en oro, plata o platino físicos. Puede hacer que le envíen los lingotes a su domicilio o que los almacenen en la cámara acorazada de GoldRepublic.

5. Valores del Tesoro protegidos contra la inflación (TIPS)

Los Bonos del Tesoro Protegidos contra la Inflación (TIPS) pueden ser una herramienta perfecta contra la inflación para muchas personas. Los TIPS son un tipo de bonos del gobierno de EE.UU. que están indexados a la inflación. De este modo, los inversores en TIPS están protegidos contra la alta inflación.

Si posee un TIPS, puede hacerse pagar dos veces al año a un tipo fijo. El valor de los TIPS depende de la inflación. Por lo tanto, la compra y venta de TIPS depende del tiempo. Los TIPS están disponibles en tres vencimientos diferentes: 5 años, 10 años y 30 años.

Puede comprar TIPS como un ETF en la plataforma de un corredor. Hay varios TIPS disponibles, por lo que puede parecer difícil comprar el producto adecuado. Puede investigar el iShares TIPS Bond ETF (TIP), el Schwab US TIPS ETF (SCHP) y el FlexShares iBoxx 3-Year Target Duration TIPS Index ETF (TDTT) son los tres TIPS más conocidos.

Antes de empezar con los TIPS, es importante tener en cuenta lo siguiente. En tiempos de deflación o de descenso del Índice de Precios al Consumo (IPC), el valor de los TIPS puede disminuir. Un aumento en el precio puede hacer que pague más en impuestos. Los TIPS también son muy sensibles a una variación de los tipos de interés. Por lo tanto, es crucial determinar el punto de entrada y salida adecuado.

6. Criptoestacaciones

Las criptoinversiones parecen menos atractivas en tiempos de alta inflación que antes. La experiencia pasada ha demostrado que el valor del mercado de criptomonedas cae cuando nos enfrentamos a altas tasas de inflación. Hay muchas posibilidades de que su riqueza se reduzca si la invierte en cripto en tiempos de alta inflación. Por lo tanto, puede ser más atractivo invertir el dinero en un producto que rinda. Si quiere hacer algo con el cripto, la huelga de cripto podría ser una opción.

El stake es la vinculación de criptomonedas y tokens para contribuir a la seguridad de la red blockchain y a la validación de las transacciones. Usted mismo puede configurar un nodo validador dentro de la red Proof-of-Stake (PoS), pero también tiene la opción de externalizar la participación a otro validador.

Subcontratar una participación es más fácil que crear un validador. Puede hacerlo con bastante facilidad dentro de la criptocartera nativa de una cadena de bloques. Buscando esto en Google, encontrarás rápidamente las posibilidades. También hay cada vez más exchanges donde puedes apostar, como Binance, Bitvavo y Coinmerce. Aquí puede aportar rápida y fácilmente monedas para la huelga desde su monedero de criptomonedas.

Por contribuir, recibirás recompensas. El importe de las recompensas depende del número de tokens que apueste, así como de la actividad de la red. Cuantas más transacciones, más tasas de transacción pagan los usuarios.

101

Uno de los mayores y más conocidos inversores del mundo, Warren Buffett, ha hablado muchas veces sobre la inversión en tiempos de inflación.

En épocas de alta inflación, es natural que quiera proteger sus activos de la disminución del poder adquisitivo. Sin embargo, invertir en periodos de contracción económica no es tan fácil como parece a primera vista. En este capítulo le hemos explicado en qué productos puede invertir para proteger su patrimonio contra la alta inflación:

- Productos básicos y acciones de los productores de productos básicos
- Ingresos procedentes de la propiedad inmobiliaria
- Fondo de inversión inmobiliaria (REIT)
- Metales preciosos (oro, plata y platino)
- Valores del Tesoro Protegidos contra la Inflación (TIPS).
- Huelga de criptomonedas

Por supuesto, estos son sólo ejemplos. Muchos inversores eligen estos productos de inversión, aunque esto no significa que también sean productos adecuados para usted. Por lo tanto, investigue siempre por su cuenta estos productos y determine cuál es la opción más inteligente para usted. Puede hacerlo realizando un análisis fundamental o técnico, por ejemplo.

Inversiones en criptodivisas

Si estás interesado en las criptomonedas, pero aún no estás metido en ellas, has llegado al lugar adecuado. En este capítulo, te contaré cómo averiguar más sobre proyectos y criptomonedas interesantes, cómo hacer tu propia investigación y te daré algunos consejos.

¿Qué son las criptomonedas?
Mientras que en el pasado principalmente poníamos los ahorros en el banco, en un viejo calcetín o en bonos, hoy en día hay más formas de aumentar el valor de tu dinero. Una de estas formas es invirtiendo en criptomonedas.

La definición oficial se puede encontrar aquí y allá en Internet y dice lo siguiente:

Monedas digitales en las que las transacciones son verificadas y los datos mantenidos por un sistema descentralizado que utiliza criptografía, en lugar de por una autoridad centralizada.

 Monedas digitales en las que las transacciones son verificadas y los datos mantenidos por un sistema descentralizado que utiliza criptografía, en lugar de por una autoridad centralizada.
Esta es una frase bastante larga y lo más probable es que esto no le dé una imagen de su potencial inversión. Después de todo, ¿qué son exactamente las criptodivisas?

104

Por supuesto, tenemos el dinero en efectivo, tal y como lo conocemos, pero además existe una forma digital de monedas. No son monedas o billetes tangibles, sino una combinación de números y cifras, con los que se puede comerciar. La moneda más famosa es realmente Bitcoin (BTC) y un buen segundo lugar hemos reservado para Ethereum (ETH).

¿Cómo funciona la tecnología que hay detrás de las criptomonedas?
Las criptomonedas son digitales, por lo que no debería sorprender que impliquen un buen conjunto de ordenadores. Estas maravillosas monedas digitales se originan en una gran red de ordenadores. Estas máquinas realizan colectivamente todo tipo de cálculos complejos, lo que llamamos criptografía.

A diferencia de nuestro dinero fiduciario, estas monedas no pueden romperse y son muy difíciles de defraudar. Se almacenan de forma segura en una red y sólo el propietario actual tiene acceso a sus criptomonedas. Como el propietario tiene acceso a la moneda con una contraseña, puede utilizarla para pagar cosas, transferirlas a otros, etc. No se puede romper una moneda de euro en pedazos, pero se puede romper un Bitcoin hasta en 8 decimales. Todo esto funciona sobre la base de la tecnología blockchain.

Ventajas de las criptomonedas

Antes de entrar en el meollo de esta historia, permítanme compartir con ustedes los beneficios de las criptomonedas:

La velocidad de las transacciones varía en función de la cadena de bloques, pero por lo general un criptopago se completa en segundos.
Las transferencias internacionales de dinero pueden ser bastante caras, pero un pago en criptografía suele ser muchas veces más barato.
Si se observan todas las precauciones, es una forma enormemente segura de pagar, ahorrar y jubilarse.
Gracias a la tecnología blockchain, es un sistema transparente.

Diversificar su cartera es muy fácil. Si tus acciones suben, tus criptomonedas bajan y viceversa.
Cualquiera puede comerciar con criptomonedas.

Las principales criptomonedas de 2022
En un momento te voy a explicar cómo determinar qué monedas digitales debes o no debes comprar, o mejor dicho, cómo lo averiguas. No estoy en posición de dar consejos financieros y no es mi intención. Nunca tome el consejo de otra persona al pie de la letra, siempre haga su propia investigación. Lo que puede ser perfecto para otra persona puede ser dramático para ti. Tenga cuidado, ¡porque tiene riesgos! Empecemos con las mejores monedas de 2022 (hasta ahora, es decir, hasta junio de 2022), según mi opinión y lo que encuentro de media en mi red:

- Bitcoin (BTC)
- Ethereum (ETH)
- Binance Coin (BNB)
- Lunares (DOT)
- Ripple (XRP)
- Solana (SOL)
- Descentralización (MANA)

¿Cómo determina su estrategia de criptografía?
Para empezar, ninguna estrategia es igual. Primero determine usted mismo lo que quiere conseguir con sus inversiones. ¿Quiere conservar sus monedas durante un corto periodo de tiempo, porque quiere revenderlas inmediatamente para obtener un buen beneficio, o está invirtiendo en su futuro? La mayoría de los inversores que conozco apuestan por la diversificación. Esto significa que construyen una cartera amplia y diversa, en la que tienen cabida diferentes activos. Piensa en criptomonedas, acciones, ETFs, oro, etc.

3 estrategias de criptografía
Evidentemente, tu enfoque puede ser único y puedes darle la forma que quieras. Sin embargo, hay tres líneas principales de pensamiento en el mundo de blockchain y crypto, a saber:

Probablemente hayas oído hablar de HODL, que es a su vez una mezcla de la palabra holden: aguantar, es decir.

Invirtiendo más en altcoins, puedes seguir obteniendo buenos beneficios. Invertir las ganancias de estas inversiones en monedas estables, como Bitcoin (BTC) y Ethereum (ETH), también es una forma de aumentar tu riqueza.

Operar activamente con criptomonedas es también otra forma de crear riqueza de forma sencilla. Puedes hacerlo de varias maneras, invirtiendo regularmente en monedas y comprando y vendiendo activamente, en función de los precios, por supuesto.

Es un trabajo que requiere mucho tiempo, pero también hay que mirar los índices, como Bitpanda. Puede ser muy interesante, ¡sobre todo para los principiantes!

¿Quieres saber cuáles son los elementos cruciales de una estrategia de trading, según nuestros expertos?

Elemento nº 1: Normas de negociación
Elemento nº 2: Gestión de riesgos
Elemento nº 3: Plazos
Elemento nº 4: Análisis técnico (AT)
Elemento nº 5: Backtesting
Elemento nº 6: Reinventarse

Puntos a tener en cuenta a la hora de comprar criptomonedas, hay varios fundamentos de las criptomonedas, que debes tener en cuenta. También llamamos a esto análisis fundamental. Estos son los factores que debe tener en cuenta:

Factores internos

- ¿Cuántas monedas hay en circulación?
- ¿Cuál es el precio de la moneda?
- ¿Cómo es la capitalización del mercado?
- ¿Cuál es la tasa de hachís?
- Factores externos

Dicho esto, también hay que tener en cuenta los factores externos, que se pueden evaluar teniendo en cuenta los siguientes puntos:

- ¿Quiénes son los competidores?
- ¿Cuál es el fondo?
- ¿Hay una hoja de ruta?
- ¿Cuál es la situación de la tokenómica?

Si no hay nombres conocidos de blockchain y crypton involucrados en el equipo, entonces me sumergiría en extra para ver si vale la pena. Sin embargo, ¡la experiencia y la red suelen ser un impulso adicional!

¿Qué criptografía debería comprar en este momento?
Ya hemos hablado de todo tipo de cuestiones secundarias, como el análisis fundamental y técnico y los mejores resultados de este año. Pero, aparte del análisis, ¿cómo se puede saber qué criptografía se debe comprar ahora? Bueno, eso es y sigue siendo un riesgo.

109

Yo mismo compro monedas con gran regularidad y a veces opto por lo lento y lo constante, pero también me gusta apostar. A veces tengo éxito operando muy rápido, mientras que mi hermana tuvo una gran pérdida el mismo día con la misma moneda. Es y será siempre emocionante, en este mundo tan volátil.

Asegúrate de que tus objetivos son claros, de que sabes en qué te metes y de que no inviertes un dinero que no puedes permitirte perder.

¿Qué hacer en el actual mercado bajista?
Tal vez no sea necesario mencionarlo, pero si considera entrar ahora, tendrá que enfrentarse a un mercado bajista. Los precios están cayendo y el sentimiento del mercado es bastante negativo, por lo que hay poca confianza. Esto se recuperará, pero téngalo en cuenta durante un tiempo. El mercado bajista actual está causado por la guerra entre Rusia y Ucrania, la pandemia y las altas tasas de inflación. Estos son algunos consejos:

- Observa objetivamente (no te dejes guiar por tus emociones) las monedas que quieres conservar o cerrar.
- Maneje sus activos con prudencia y haga un poco de gestión del riesgo.
- Mantenga el capital en su cuenta bancaria y espere pacientemente.
- Manténgase al día y no sea ajeno, porque la situación puede cambiar en cualquier momento.

- Asegúrate de que tus activos están siempre en un monedero de hardware, como Ledger X, para poder acceder siempre a tus propios activos.
- Busca otras opciones de inversión, como el oro y la plata.

Como ha leído, no hay una estrategia única para las compras de criptomonedas y ciertamente no es una talla única para todos. Tienes que investigar mucho, y si buscas ayuda o utilizas cierta información de fondo, como estos blogs, sigue siendo una cuestión de hacer tu propio plan. Ser financieramente independiente comienza aquí.

Si usted es mayor o ya tiene una cierta cantidad de riqueza, entonces podría ser mejor quedarse con Bitcoin y Ether. Si eres más joven, entonces todavía tienes toda una vida por delante y también eres más flexible, por lo que puede que te guste apostar. Nota: Una vez más, esto se dice de forma general, cada persona tiene una situación única. Tenlo en cuenta.

Actualmente nos encontramos en una situación no muy favorable para empezar, o tal vez sí, justo lo que usted desea. Este mercado bajista terminará sin duda pronto, así que manténgase atento a la situación del mercado.

¿Cómo proteger su inversión en un mercado bajista?

Un mercado bajista es un período en el que el sentimiento del mercado de criptomonedas es negativo y los precios de las criptomonedas caen. Como operador de criptomonedas, es difícil proteger el capital durante un mercado bajista de este tipo. Por supuesto, hay algunas criptodivisas que suben de valor, aunque en la mayoría de los casos esto ocurre a pequeña escala. Lo más probable es que usted quiera proteger su propio capital de todas las disminuciones de valor.

En este capítulo, discutiremos algunas formas que los operadores de criptografía exitosos utilizan para proteger sus activos durante un mercado bajista. Es posible que quieras considerar estos métodos cuando busques una estrategia a seguir durante el mercado bajista.

¿Cómo surgen los mercados bajistas?

Los mercados bajistas pueden surgir de diferentes maneras. Por lo tanto, también hay diferentes tipos de mercados bajistas. En algunos casos, un mercado bajista sólo dura unos meses, mientras que en otros puede durar varios años. Por lo tanto, es difícil determinar exactamente cómo surge un mercado bajista.

El mercado bajista de 2018

Con toda probabilidad, el mercado bajista de 2018 se produjo cuando un gran número de inversores dejó de confiar en las criptodivisas como el Bitcoin (BTC). En los años anteriores, las criptomonedas fueron ganando protagonismo. Estés donde estés, en la peluquería o en la panadería, parecía que todo el mundo había invertido su dinero en cripto.

En los medios de comunicación, pero también por parte de los políticos, se habló sobre todo de una "burbuja a punto de estallar". Los políticos desaconsejaban a la gente invertir en cripto porque era muy arriesgado y peligroso. Dado que una gran proporción de propietarios de cripto tienen poca o ninguna experiencia con el cripto, se dejaron influenciar fácilmente por los medios de comunicación. ¿Oyen que todo el mundo está comprando cripto? Entonces lo hacen. ¿Oyen que todo el mundo vende cripto? Entonces también lo hacen. También llamamos a este fenómeno FOMO (Fear Of Missing Out).

Cuando el Bitcoin estuvo a punto de alcanzar un valor de 20.000 dólares, una gran parte de los propietarios de BTC decidieron vender sus monedas. La confianza en el mercado desapareció, y los precios de otras criptomonedas también cayeron bruscamente. Entramos en un mercado bajista, que acabó durando entre un año y medio y dos años.

El mercado bajista de 2022
El mercado bajista de 2022 no ha terminado en el momento de escribir este capítulo. Sin embargo, este mercado bajista tiene una serie de causas diferentes al

de 2018. Durante la crisis de la corona, los bancos centrales imprimieron mucho dinero. En 2022, esto, combinado con la guerra entre Rusia y Ucrania, provocó altas tasas de inflación. El dinero pasó a valer menos, permitiendo comprar cada vez menos con la misma cantidad de dinero. Comenzó un período de incertidumbre.

En tiempos de incertidumbre, la gente prefiere tener sus activos en moneda fiduciaria. La inversión encaja mejor en los periodos de optimismo económico; la gente confía en el futuro y se atreve a "jugársela" invirtiendo su dinero. Esto contribuye al crecimiento económico.

¿Cómo puedo proteger mi capital en un mercado bajista de criptomonedas?
Cuando ve que el valor de su cartera baja, puede cundir el pánico. ¿Y si el valor no vuelve a subir? ¿Y si mis activos caen aún más? ¿Y si me meto en problemas y necesito el dinero?

Es importante no dejarse llevar por el pánico y abordar las opciones de forma racional. Piense detenidamente en las decisiones que debe tomar durante un mercado bajista. No importa lo pequeña que pueda parecer una decisión, durante un mercado bajista puede tener un gran impacto. Intente desconectar sus sentimientos y pensar con lógica.

A continuación le cuento cómo otros inversores protegen su capital durante un mercado bajista. Esto incluye tanto el capital mantenido en una cuenta bancaria como el capital invertido en productos financieros.

1. Decida qué posiciones quiere mantener o cerrar
Si todo va bien, sabrá qué posiciones tiene en este momento. Si no es así, puede hacer un resumen de todas sus posiciones. De este modo, puede determinar qué posiciones quiere mantener durante un mercado bajista y qué posiciones es mejor cerrar.

Los inversores de éxito se fijan en las expectativas futuras de una posición. Por ejemplo, se puede mantener una posición a largo plazo. Supongamos que usted posee Bitcoin, y cree que su valor superará su precio de compra en 10 años, podría decidir mantener la posición.

Pero tal vez usted espera que el valor de Bitcoin siga cayendo. Entonces podría ser interesante vender Bitcoin y volver a comprarlo una vez que su valor haya caído más. De este modo, protege su capital de una mayor caída y compra más Bitcoin por la misma cantidad de dinero.

Por supuesto, es importante tomar estas decisiones basándose en la investigación. Puede utilizar el análisis fundamental o técnico, por ejemplo.

115

2. No tengas miedo de cerrar posiciones

Sólo una adición a lo que hemos mencionado anteriormente. A menudo se oye hablar a los propietarios de criptomonedas sobre el "HODL". En varios casos, esta es una táctica que funciona bien para un gran número de operadores de cripto. Sin embargo, también puede ser importante para cerrar posiciones.

Durante un mercado bajista, vemos caer los precios de todas las criptodivisas. Nadie sabe hasta qué nivel de precios continuará el descenso. En años anteriores, Bitcoin fue la primera criptodivisa en subir de valor, seguida de las altcoins.

Muchos operadores de criptomonedas con éxito están cerrando posiciones de altcoins que se consideran arriesgadas y de alto riesgo. Se trata principalmente de monedas de baja capitalización: monedas que tienen una baja capitalización de mercado. Después de un mercado bajista, las monedas de baja capitalización son, mirando la historia, las últimas en aumentar su valor.

Por tanto, para muchos operadores no tiene sentido mantener posiciones de baja capitalización. Prefieren trasladar el capital de este tipo de posiciones a monedas grandes como el Bitcoin, y luego esperar a que el mercado vuelva a repuntar. Ese es el momento en el que, si todavía creen en estas monedas, volverán a invertir en este tipo de monedas de baja capitalización.

Cerrar o mantener posiciones es, por supuesto, parte de la gestión de riesgos.

3. Mover el capital hacia productos de inversión probados

En muchos casos, la historia se repite. Esto también se aplica al mercado económico. Los periodos de crecimiento económico se alternan con periodos de contracción económica. Cuando miramos al pasado, vemos una serie de productos de inversión que funcionan bien durante los mercados bajistas.

La mayoría de la gente confía en los metales preciosos como el oro y la plata cuando los tiempos son económicamente inciertos. Si observamos el precio histórico del oro, vemos que su valor no ha hecho más que aumentar a largo plazo. Por ello, un gran número de inversores están trasladando sus activos a los metales preciosos.

Por supuesto, la rentabilidad que se puede obtener con los metales preciosos es menor que la posible con las criptodivisas. Sin embargo, tampoco se trata de generar rendimientos. Durante un mercado bajista, los operadores de criptomonedas quieren proteger su capital de la caída de los precios. Los metales preciosos son una gran manera de hacerlo para muchos comerciantes.

4. Almacenar el capital en una cuenta bancaria y tener paciencia

Esto puede parecer un consejo tonto. Sin embargo, hay algo que decir al respecto. Cuando estamos en un mercado bajista de criptomonedas, pero otros mercados también están sufriendo caídas de precios, es difícil decidir en qué es mejor invertir. En tiempos de incertidumbre económica, los precios de las acciones, los índices, los fondos, los bienes inmuebles, las criptodivisas, los metales preciosos, los ETF, etc. pueden caer. Encontrar el producto de inversión adecuado puede parecer una tarea imposible.

Por lo tanto, los expertos en criptomonedas e inversiones optan por ser pacientes en muchos casos. Mantienen su capital en una cuenta bancaria, investigan sobre nuevas criptomonedas y esperan hasta captar señales de que el mercado bajista parece dirigirse a su fin.

Cuando un mercado bajista ha tocado fondo, las criptodivisas pueden comprarse al precio más bajo. Por supuesto, esto también se aplica a otros productos de inversión. En cuanto se compra un producto por el precio más bajo posible, se puede conseguir el mayor rendimiento posible de la inversión.

Por supuesto: cuando guardas tu dinero en una cuenta bancaria, su valor disminuye debido a la inflación. Sin embargo, cuando se invierte el capital durante un mercado bajista, el valor del capital puede caer mucho más rápido que en una cuenta bancaria. Si espera tranquilamente a que se toque fondo, puede maximizar su rendimiento y recuperar la caída de valor -inducida por la inflación- por partida doble. Por supuesto, esto difiere por moneda y por mercado bajista. Por eso siempre hay que investigar la situación de cada uno.

5. Seguir investigando las oportunidades y posibilidades

Durante un mercado bajista, por supuesto, usted quiere proteger su capital al máximo. Pero después de un mercado bajista usted quiere ganar el mayor rendimiento posible. No se quede quieto durante un mercado bajista, sino que siga investigando diferentes proyectos de criptomonedas que podrían ser valiosos después del mercado bajista. No en vano se dice que los "futuros millonarios" nacen durante los mercados bajistas.

Muchos operadores de criptomonedas no invierten su dinero durante un mercado bajista. Queda más tiempo para investigar. Sería prudente no desesperarse, sino centrarse en lo que viene después del mercado bajista. ¿Ha hecho su investigación? Entonces puede atacar tan pronto como espere que el mercado bajista haya llegado a su fin.

6. Almacenar cripto en carteras frías

Durante un mercado bajista hay menos liquidez en los protocolos e intercambios descentralizados. Además, las bolsas centrales ven disminuir sus ingresos. Una menor liquidez puede hacer que los protocolos descentralizados tengan problemas. Además, no es inconcebible que una central de intercambio quiebre durante un mercado bajista.

Los intercambios y los protocolos DeFi, por supuesto, siempre prometen que tus criptomonedas son realmente tuyas, y que no pueden hacerse con ellas. Sin embargo, el cripto es un mercado menos regulado, y muchos escenarios impensables se han hecho realidad en el pasado (piensa en el fiasco de Terra).

Los expertos en criptografía prefieren almacenar sus criptomonedas en una cartera de hardware durante un mercado bajista. De este modo, tienen el control total de sus propios activos, sin depender de terceros. Ledger y Trezor son conocidos editores de carteras frías. En ellas se puede almacenar prácticamente cualquier criptodivisa.

Durante un mercado bajista, es difícil determinar la mejor manera de utilizar su capital. Por supuesto, usted quiere proteger sus activos en la medida de lo posible contra una caída del valor. Cuando los precios de otros mercados, como el de las acciones y los metales preciosos, también caen, y el dinero fiduciario pierde valor debido a la inflación, resulta aún más difícil idear una estrategia para proteger su capital.

Muchos operadores de criptomonedas con éxito protegen su capital utilizando los métodos mencionados. A pesar de que muchos otros operadores utilizan estos métodos, por supuesto sigue siendo importante hacer una evaluación de su situación e investigar las diversas opciones para la protección del capital.

Diversificación en un mercado bajista

Muchos inversores entran en el mercado de las criptomonedas durante un mercado alcista: los precios están subiendo, las expectativas son favorables, hay una gran confianza en el mercado y, por desgracia, los riesgos suelen olvidarse.

Si el mercado se convierte en un mercado bajista, muchos inversores no están bien preparados para ello y pierden mucho dinero. Pero esto se puede evitar repartiendo los riesgos mediante la diversificación de la cartera. Al diversificar, se reducen los riesgos de la inversión, sin que ello tenga que ir en detrimento de los rendimientos.

Este capítulo explica exactamente qué es la diversificación, por qué es importante durante un mercado bajista y cómo construir una cartera equilibrada.

¿Qué es un mercado bajista?
En el mercado de las criptomonedas se suelen distinguir dos periodos principales: el mercado alcista y el mercado bajista. Estos términos hacen referencia a la forma en que estos animales atacan a sus presas y se utilizan como metáfora de los movimientos del mercado.

Durante un mercado alcista, vemos que los precios suben significativamente durante un periodo de tiempo más largo y hay un alto nivel de confianza entre los inversores. Por lo tanto, esto se puede comparar con un toro que levanta sus cuernos en el aire.

Un mercado bajista, por el contrario, se caracteriza por descensos rápidos y pronunciados durante un largo periodo de tiempo, con poca confianza en el mercado. Es como si un oso bajara sus garras. En el mercado tradicional, las caídas del 20% se consideran rápidamente un mercado bajista. Sin embargo, en el mercado de las criptomonedas, los descensos del 20% se producen con regularidad y, por tanto, pueden considerarse bastante normales. Por lo tanto, en un mercado bajista real en el mercado de criptomonedas se debe pensar en caídas más grandes. Las caídas de más del 90% no son excepcionales. En ese caso, hay muy poca demanda y mucha oferta, por lo que los precios caerán mucho.

Riesgos durante un mercado bajista
Durante un mercado bajista surgen una serie de riesgos específicos.

Depreciación de la cartera
Como los precios de las criptomonedas caen tan rápidamente, su cartera también perderá valor. Eso, si te quedas quieto y no haces nada al respecto. Si su cartera pierde el 90% de su valor, no es impensable que esto le provoque ansiedad y pánico. Y aún es peor si luego le entra el pánico y vende su cartera con grandes pérdidas.

Desaparición de criptomonedas
Otro riesgo que se suma es que muchas criptomonedas
y proyectos desaparecerán durante un mercado bajista
y no volverán. Mientras que se espera que la mayoría
de las grandes criptomonedas vuelvan a subir durante
el próximo mercado alcista, muchas criptomonedas
pequeñas desaparecerán para siempre. Por lo tanto, si
usted ha invertido en ellas, podría perder mucho
dinero. Sólo los criptoproyectos que estén realmente
bien construidos sobrevivirán al mercado bajista.

Quiebra de las criptobolsas/plataformas
Las bolsas de criptomonedas y otras plataformas de
criptomonedas también pueden tener problemas
debido a las fuertes caídas de los precios. Si ya no
pueden cumplir con sus obligaciones como resultado,
esto puede llevar a la quiebra. Si una bolsa quiebra y
usted tiene su cripto allí en ese momento, la posibilidad
de que recupere su dinero invertido es muy pequeña.

El cripto almacenado por el intercambio caerá en el
patrimonio de la quiebra. Como cliente de este
intercambio, usted es sólo un acreedor no garantizado,
lo que significa que será uno de los últimos en ser
pagado de la herencia. En la mayoría de los casos, para
entonces la masa está vacía desde hace tiempo y, por
tanto, es insuficiente para pagar a todos los acreedores,
dejándole con las manos vacías. Por ello, una expresión
popular en el mundo de las criptomonedas es: "Ni tus
llaves, ni tus monedas". Sin poseer la clave de su

cartera, como ocurre con los criptointercambios, usted no tiene el control de su cripto.

Robos y estafas

Por último, a menudo vemos al final de un mercado alcista/principio de un mercado bajista que los grandes robos, las estafas y otras formas de criptocrimen provocan mucho malestar en el mercado de las criptomonedas, haciendo que la gente pierda la confianza en el mercado de las criptomonedas. Incluso después de eso, a los ladrones y estafadores les gusta atacar cuando hay pánico, exactamente lo que ocurre durante un mercado bajista. Piensa en los robos y hackeos de protocolos, de criptointercambios o incluso de tu cartera, que pueden hacerte perder tu cripto.

Por lo tanto, es bueno pensar en los riesgos que se producen durante un mercado bajista. Se pueden obtener grandes beneficios con las criptomonedas, pero ciertamente también grandes pérdidas, especialmente durante un mercado bajista. Y eso es algo que mucha gente no tiene suficientemente en cuenta, lo que significa que acaban perdiendo mucho dinero durante un mercado bajista. Y eso, por supuesto, es una verdadera lástima.

La siguiente pregunta es entonces cómo prepararse para estos riesgos, de modo que pueda evitar perder su dinero en la medida de lo posible. La respuesta es: diversificación.

¿Qué es la diversificación?

La diversificación es una estrategia de inversión que reparte el riesgo entre varios tipos de productos financieros, sectores y/o plataformas. El objetivo es minimizar el riesgo al que se enfrenta un inversor al tener su inversión total dividida en diferentes componentes que no se ven afectados por el mismo evento negativo.

Un riesgo se refiere aquí a la probabilidad de que se produzca un acontecimiento indeseable en el futuro que repercuta negativamente en la consecución de sus objetivos. En el caso de las inversiones, esto equivale concretamente a la posibilidad de incurrir en una pérdida. Por lo tanto, tiene que prevenir que si se produce un determinado acontecimiento adverso, éste afectará a toda su inversión.

El futuro es difícil de predecir, pero podemos prepararnos para él lo mejor posible. Por ello, la diversificación es un elemento importante que hay que tener en cuenta a la hora de construir la cartera. Al diversificar, se reducen los riesgos de la inversión sin tener que sacrificar la rentabilidad.

Riesgos de propagación

Muchos nuevos inversores entran en el mercado de las criptomonedas durante un mercado alcista, y entonces deciden comprar y comerciar con criptomonedas por el bombo y platillo. Los precios suben significativamente, las expectativas son favorables, hay una gran confianza en el mercado, y desafortunadamente los riesgos se olvidan a menudo. Si luego el mercado se convierte en un mercado bajista y se produce una gran corrección con los riesgos mencionados, muchos inversores no están bien preparados para ello y pierden mucho dinero. Aunque esto se puede evitar repartiendo los riesgos.

Puede repartir sus riesgos 1: diversificando su cartera invirtiendo en diferentes productos y sectores financieros y 2: repartiendo su cartera en diferentes plataformas y carteras. Estas dos opciones se explicarán más adelante.

Diversifique su cartera
Como se ha mencionado, la diversificación no sólo consiste en comprar diferentes tipos de criptomonedas, sino también en distribuir su inversión entre múltiples productos y sectores financieros. Si miramos al pasado, vemos que durante un mercado bajista de criptomonedas, algunos activos se comportan mejor que otros. Esto se debe a que algunos sectores o empresas pueden beneficiarse cuando otros sufren pérdidas.

Por lo tanto, es útil distribuir su cartera de tal manera que una determinada circunstancia adversa del mercado no afecte a todas sus inversiones. Podrías hacerlo, por ejemplo, haciendo HODLING de al menos una parte de tus criptomonedas y/o comprando un poco más cada vez, vendiendo una parte de tus criptomonedas y convirtiéndolas en diversas monedas estables y dinero fiduciario, y también invirtiendo una parte en, por ejemplo, acciones, bonos o metales preciosos y materias primas. Lo ideal es que su cartera esté formada por productos financieros de diferentes sectores y regiones.

Criptomonedas
La diversificación mediante la compra de diferentes criptomonedas asegura que las caídas sean absorbidas por las otras criptomonedas que usted posee. Esto reduce el riesgo de su cartera como si sólo invirtiera su dinero en un tipo de criptomoneda y es menos vulnerable al riesgo. Por ejemplo, suponiendo que hubieras invertido todo en Terra (Luna), habrías visto evaporarse toda tu inversión tras la caída. Por lo tanto, no es prudente tener un solo tipo de criptomoneda en su cartera. Por lo tanto, trate de diversificar entre varios tipos de criptomonedas, investigando qué proyectos de criptografía están bien construidos y tienen potencial para subir en el futuro.

En un mercado bajista, los precios de las criptomonedas son bajos. Por lo tanto, puede ser un buen momento de compra. Sin embargo, es difícil predecir exactamente cuándo el mercado bajista ha tocado fondo, en qué momento los precios están en su punto más bajo. Por lo tanto, una forma popular de invertir es el método de promediación de costes en dólares (DCA), en el que se invierten cantidades iguales a intervalos regulares, independientemente del precio de la criptomoneda en ese momento, con el fin de lograr el mayor rendimiento posible. Por ejemplo, usted compra una serie de criptomonedas diferentes cada mes por 100 euros.

Monedas estables y dinero fiduciario
Las monedas estables son criptomonedas que siempre buscan un valor estable. Están respaldadas por un activo subyacente, al que está vinculado el precio. En principio, no importa mucho cuál sea el activo subyacente, siempre que el valor total sea igual a la demanda. Esto se debe a que, para garantizar un valor estable, la oferta y la demanda deben estar en equilibrio.

En muchos casos, el precio de las monedas estables está vinculado al dinero fiduciario, normalmente el dólar estadounidense. La intención aquí es reflejar el valor del dólar estadounidense, de modo que exista una criptodivisa estable que pueda utilizarse como un dólar digital, por así decirlo, y que proteja contra la volatilidad del mercado de criptomonedas. La idea es que una moneda estable debería valer siempre alrededor de 1 dólar. Por lo tanto, las monedas estables proporcionan seguridad y protección en un mercado bajista para garantizar que el valor de sus activos no caiga. Una buena opción puede ser suspender sus monedas estables en un mercado bajista y seguir obteniendo beneficios. Esto suele proporcionar una rentabilidad mucho mayor que poner su dinero en una cuenta de ahorro, por ejemplo.

Actualmente existen muchos tipos de monedas estables. A continuación, una lista de las más populares:

- Tether (USDT)
- Moneda USDC (USDC)
- Binance USD (BUSD)
- Dai (DAI)

Sin embargo, en la práctica, las monedas estables no están exentas de riesgos y también pueden mostrar volatilidad o incluso perder totalmente su valor. Ejemplos de ello son los diversos juicios en los que se demandó a Tether y el incidente de Terra (Luna) en mayo de 2022, que dejó claro que TerraUSD no es una moneda estable segura. Por lo tanto, las monedas estables no están libres de riesgo. Por lo tanto, esté advertido.

Para repartir mejor los riesgos, lo mejor sería repartir sus activos entre varias monedas estables, en lugar de optar por una sola moneda estable. Incluso es mejor convertir una parte en dinero fiduciario, como dólares o euros, para estar seguro. Si le ocurre algo a una o varias monedas estables, al menos no perderá todo su dinero.

Otras categorías de inversión
Como acabamos de mencionar, la diversificación no sólo consiste en construir una cartera que se compone de diferentes tipos de criptomonedas, sino también en la difusión a través de múltiples productos financieros. Puedes diversificar tu cartera invirtiendo parte de tus

activos en acciones, bonos, metales preciosos, materias primas o ETFs además de criptomonedas.

Acciones y bonos

Las acciones son, sencillamente, unidades negociables en el capital de una empresa y actualmente siguen siendo la forma más popular de invertir. Así pues, cuando usted compra una acción, pone dinero a disposición de una empresa y se convierte en propietario parcial. Cuando la empresa obtiene beneficios o pérdidas, esto se refleja en el precio de las acciones.

Esto demuestra que las acciones también están sujetas a riesgos. Si la empresa va bien, el precio sube. Si la empresa va mal o hay otros acontecimientos negativos, el precio baja. Es importante señalar que no todos los acontecimientos tienen el mismo efecto en las empresas. Cuando un acontecimiento puede ser beneficioso para una empresa, puede ser desfavorable para otra. Por ejemplo, si el precio del petróleo sube, eso es favorable para una empresa petrolera, pero desfavorable para una empresa de transporte.

Si una empresa quiebra, como accionista perderá su dinero en la mayoría de los casos. Por lo tanto, incluso en el caso de las acciones, es prudente repartir su inversión entre diferentes acciones. Además, puede optar por otras categorías de inversión, como los bonos. Un bono es un préstamo negociable emitido por empresas, gobiernos o países. Como inversor, puede invertir en ellos prestando dinero, por el que recibe un porcentaje fijo de interés. Al final del plazo del préstamo, recupera su dinero.

Puede invertir en acciones o bonos a través de varios corredores. Uno de los más conocidos es eTorro.

Metales preciosos y materias primas
Otra opción para garantizar una mayor diversificación en su cartera es invertir en metales preciosos y materias primas. Piensa no solo en el oro, la plata y el petróleo, sino también, por ejemplo, en el mineral de hierro, el carbón, el grano, el café, el algodón, etc.

Las materias primas son escasas y, por tanto, no están disponibles de forma infinita, por lo que su precio viene determinado por la oferta y la demanda, lo que las convierte en una inversión atractiva. Además, a diferencia de otros productos financieros, las materias primas no pueden quebrar. Sin embargo, también en este caso hay que tener en cuenta el riesgo de que los precios de las materias primas puedan fluctuar bruscamente debido a diversas circunstancias, como conflictos políticos y catástrofes naturales.

El metal precioso más popular para invertir es el oro. Por ello, muchos criptocomerciantes recurren al oro durante un mercado bajista. ¿Quiere saber más sobre esto? En este blog le explicamos cómo pasar su cripto a oro.

ETFs

Por último, una forma sencilla de diversificar su cartera es a través de los fondos cotizados (ETF). Los ETF, en definitiva, son fondos que siguen un índice, un bono, una materia prima o un compuesto de varios productos. Los ETF siguen el valor de los productos subyacentes y pueden negociarse en el mercado bursátil como las acciones y los bonos. Se trata, por tanto, de un producto financiero ideal para repartir los riesgos, ya que, por así decirlo, se trata simplemente de comprar un grupo de acciones que forman parte de un determinado tipo o categoría y que, por tanto, pueden ser muy diversas.

A continuación se enumeran algunos ETFs populares:

ETFs de índices: este tipo de ETFs sigue índices, como el índice AEX
ETFs de bonos: este tipo de ETFs sigue los bonos.
ETFs de materias primas: este tipo de ETFs sigue las materias primas.
ETFs sectoriales: este tipo de ETFs sigue a todo un sector, como el tecnológico o el petrolero

Distribuir las participaciones de su cartera
Además de diversificar su cartera, es importante también repartir el almacenamiento de su cartera. Como se ha mencionado, las bolsas de criptomonedas corren el riesgo de quebrar durante un mercado bajista. Cuando una bolsa quiebra y usted tiene su cripto en ese momento, la posibilidad de que recupere su dinero

invertido es muy pequeña. También existe el riesgo de robo y hackeo de los protocolos, de las bolsas de criptomonedas o incluso de tu cartera, lo que puede hacer que pierdas tu cripto. Puedes prepararte para esto dirigiendo tu cartera a través de diferentes plataformas y carteras.

Criptomonedas y monedas estables:
Para evitar la pérdida de su cripto debido a la quiebra o al hackeo de un criptointercambio, es una sabia idea al menos no almacenar todo su cripto en un solo intercambio. La mejor opción es asegurar su cripto utilizando una cartera de hardware, donde su cripto se almacena fuera de línea y no en intercambios o plataformas. Puedes leer más sobre esto en este blog.

Dinero fiduciario:
La forma más segura de depositar su dinero fiduciario es en su cuenta bancaria, y por tanto no en un criptointercambio, debido a los riesgos antes mencionados. Para garantizar esta seguridad, los bancos están sujetos a leyes estrictas y están supervisados. Además, su dinero en un banco de los Países Bajos está protegido legalmente por el sistema de garantía de depósitos, que le asegura la devolución de su dinero (hasta una determinada cantidad) si un banco quiebra.

Otras categorías de inversión:
Las plataformas en las que se compran acciones, bonos, metales preciosos, materias primas y ETFs están, al igual

que los bancos, normalmente sujetas a una estricta normativa, a diferencia de las criptobolsas y, por tanto, son mucho más seguras en términos de almacenamiento. A menudo, sus activos aquí están separados de los activos de la plataforma, lo que significa que no caerán en la masa de la quiebra en caso de que ésta se produzca. Además, aquí también existe una norma de compensación para los inversores, que le permite recuperar su inversión hasta una determinada cantidad en caso de quiebra, por ejemplo.

En este capítulo se ha tratado ampliamente la importancia de diversificar la cartera para repartir los riesgos. El futuro es difícil de predecir, pero podemos prepararnos para él lo mejor posible construyendo una cartera equilibrada, en la que no sólo se compren diferentes tipos de criptomonedas, sino también otros productos financieros como acciones, bonos, materias primas o ETF, y en la que el almacenamiento de su cartera esté repartido. Por último, ¡es importante elegir la estrategia que más le convenga!

Su libro GRATIS

Si quieres empezar de forma rentable en el mundo de las criptomonedas, ¡asegúrate de descargar nuestro bono gratuito con **12 valiosísimos consejos para principiantes!**

Con este libro y estos consejos, tendrás garantizado un buen comienzo con tus futuras inversiones.

Regístrese aquí para obtener acceso instantáneo y comenzar su éxito en criptografía:

https://campsite.bio/stellarmoonpublishing

Nuestro curso de trading experto en

criptografía

¿Busca una nueva forma de invertir?

¿Quieres ganar dinero?

¿Está interesado en invertir pero no sabe por dónde empezar?

¿Quiere empezar a operar con criptomonedas con los conocimientos de reputados expertos en finanzas e inversiones?

El curso de trading experto en criptomonedas es el curso más completo sobre el trading y la inversión con criptomonedas. Usted aprenderá a operar en sólo unos minutos al día. Te enseñamos todo, desde el análisis técnico, la gestión del riesgo y mucho más.

Nuestro objetivo es ayudarle a convertirse en un operador de éxito para que su futuro financiero sea seguro.

Invertir nunca ha sido tan fácil con nuestro plan paso a paso que enseña a los principiantes a operar como un experto, ¡con el potencial de obtener enormes beneficios!

Lo mejor de este curso es que está impartido por expertos. Así que, ¿a qué esperas? ¡Empieza hoy mismo!

Para más información, visite este enlace:

https://payhip.com/b/ork8N

www.ingramcontent.com/pod-product-compliance
Lightning Source LLC
Chambersburg PA
CBHW071626150726
48000CB00004B/1908

9 789494 329248